# 주식쟁이 로마서

정상조 시인의 신앙과 주식 이야기(3)

# 주식쟁이 로마서



열린출판사

■ **저자 서문**

# 하나님 뜻 안에서 좋은 지혜 얻기를

주식투자는 미래 지향적 산업에 동참하여 수익금 나누는 아주 정상적인 경제활동이라고 할 수 있다. 그런데 아직 상당수 기독교인들은 주식투자와 신앙 사이에 믿음의 연결점을 찾지 못하고 있다. 가령 '크리스천이 주식투자를 해도 되는가?' '주식투자를 한다면 어떤 신앙적 기준이 필요한가?' 등의 물음에 대하여 생각하게 되는 것은 당연한 것이다.

나는 40여 년 주식과 신앙의 울타리에서 살아왔다. 주식은 일반적으로 근심에서 불안으로, 불안에서 두려움으로 진행될 때 감정에 의해 오판에서 손실이 반복된다. 하지만 주식투자로 큰 고난의 길을 만나더라도 하나님 사랑의 기쁨으로 주식을 바라보면 놀랍게도 객관적 판단이 살아난다. 즉 지혜와 평강이 나타나는 것을 필자는 다년간 경험했다.

이러한 관점에서 필자는 신앙인이자 주식투자가로서 그동안 경험했던 믿음의 방황과 은혜를 바탕으로 주식 정보와 성경 말씀을 동시에 듣고 생활하는 신앙인들에게 신앙과 주식투자의 경계를 제시하고 믿음 안에서 슬기로운 주식 경제의 지혜를 나누고자 주식과 신앙에세이집 『주식쟁이 아가서』,『주식쟁이 전도서』이어서 『주식쟁이 로마서』를 출간하게 되었다.

로마서는 사도 바울이 로마 교회에 보낸 서신으로, 믿음으로 얻는 의와 그리스도의 구속을 중심으로 교회의 교리와 삶을 가르치고 있다.

우리가 잘 알다시피 하나님을 믿는다는 것은 내 환경과 상황이 어떠하던지 항상 노래하고 기뻐하는 신부가 되는 것이다. 사랑과 믿음으로 함께 할 때 진정한 신부가 되는 것이다. 주식투자를 하든 다른 분야의 경제적 활동을 하든 이것은 마찬가지로 적용되어야 할 믿음의 자세라 할 것이다,

하나님은 인간의 자유의지에는 개입하지 않는다. 내가 복을 얻으려면, 내가 복이 있는 행동을 해야 한다. 하나님을 믿는다고 해도 자유의지가 잘못 나타내면서 하늘의 복을 기대하는 것은 어리석은 것이다.

주식투자에서 손실이 나면 대부분 '나는 왜 바보같은 선택을 했을까?' 라고 자책하는데 그 자책하는 마음이 구슬로 꿰어지면 우울증 환자가 되는 것이다. 그래서 그리스도인의 주식투자는 마음을 기쁨으로 꿰어가는 과정이다. 주식투자는 기대와 두려움의 간격이 크기 때문에 아무리 의지적으로 노력해도 평정심을 유지하기 어려운 심리적 싸움일 수밖에 없다.

투자이익에 대한 과도한 기대보다 발생한 수익을 통

해 어떻게 하나님의 영광을 나타낼 것인가? 또한 투자 손실이 발생하더라도 쉽게 불안, 분노, 좌절하지 않고 언제나 하나님의 기쁨 안에 머물도록 기도하고 또 기도해야 한다.

하나님을 기뻐하며 일하는 자에게는 지혜와 지식을 주시어 더 풍성하게 열매 맺게 하고 희락을 주시지만, 괴로워하며 일하는 자는 하나님을 기뻐하지 않은 죄로 인하여 그가 쌓아놓은 것까지 하나님을 기뻐하는 자에게 돌아가도록 하신다는 것을 잊지 말아야 한다.

사도 바울은 로마서 서문을 통해 우리에게 이렇게 은혜를 말씀하고 있다. "내가 그의 아들의 복음 안에서 내 심령으로 섬기는 하나님이 나의 증인이 되시거니와 항상 내 기도에 쉬지 않고 너희를 말하며 어떠하든지 이제 하나님의 뜻 안에서 너희에게로 나아갈 좋은 길 얻기를 구하노라" (로마서 1:9-10)

2026년 봄에

주식쟁이 신앙인 정상조

■ 목차



**제1부**

속도의 시대, 두려움을 이기는 영성

## 제2부
## 연단鍊鍛과 흔들리지 않는 분석

## 제3부
## 투자의 파고波高에서도 구원의 기쁨을

## 제4부

## 주식쟁이 신앙칼럼

## 제1부

# 속도의 시대,
# 두려움을 이기는 영성

# 현실에서 욕망과 하나님 나라

*1 예수 그리스도의 종 바울은 사도로 부르심을 받아 하*
*나님의 복음을 위하여 택정함을 입었으니 2 이 복음은 하*
*나님이 선지자들을 통하여 그의 아들에 관하여 성경에 미*
*리 약속하신 것이라* <로마서 1:1-2>

## 십자가에 못 박힌 '나'라는 역설

십자가에 나를 못 박는다고 하는 것, 그 안에는 과거의 내가 있고, 다시 미래의 새로운 내가 있다. 그러나 현재의 나를 못 박는다고 해서 과연 미래의 내가 못 박힌 채로 나타나겠는가? 하는 것이다.

이 갈등은 답은 무엇일까? 나의 현재는 십자가에 못 박힌 적이 없는 과거의 내가 불쑥 다시 나타나 존재하고 있다. 어느덧 욕망은 삶의 동력이 되어 내면에 끝없이 흐르고 있다.

### 비움인가, 채움인가

나의 욕망을 죄로 여기며 무조건 십자가에 못 박아야만 하는 것인가? 욕망을 비우기만 하면 내 안에 예수로 가득 채워지는가? 그것이 나의 의지로 채워지는 것인가?

아니면 예수가 직접 찾아와 채워주는가?

흐르는 물처럼 내 안에 예수는 충만할 때가 있고, 때로는 메마를 때도 있다. 계속해서 예수로 채워진다면, 내가 그분처럼 변모하겠지만, 나의 인격이 하나님의 형상을 나타낼 순 있어도 결코 내가 신이 될 수는 없다

### 현실에서 욕망과 하나님 나라

사람들은 대체로 욕망을 채울 때 행복을 느끼는 존재다. 어떻게 보면 천국에 이르고 싶은 것도 욕망의 하나다. 욕망을 비운다는 개념은 이론이 될 수는 있어도, 현실이 되기는 어렵다.

'나를 십자가에 못 박는다' 는 것은 무조건 비움을 의미하는 것은 아니다. 도리어 죄의 욕망을 비우되, 그 외에 선한 갈망은 채워감으로써 진정한 하나님의 나라에 이르는 과정이라 생각한다.

## 억압이 아닌 거룩으로

예수를 믿으면 왜 욕망을 십자가에 못 박아야 한다는 것인지 이해하기 어렵다. 그것은 욕망을 스스로 십자가에 못 박는다는 것이 불가능에 가깝기 때문이다.

헛된 다짐으로 회개하고 눈물을 흘리며 욕망을 억누르려 했으나, 그럴수록 오히려 더 들끓는다,

가슴을 쳐보아도 거룩함에 이르지 못하는 거짓된 삶을 살기보다, 차라리 욕망을 솔직하게 인정하고 그 속에서 십자가의 의미를 찾고자 한다.

십자가에 못 박아야 할 욕망이 있고, 오히려 거룩하게 채워야 할 욕망이 있다.

## 광야에서 완성되는 사랑

우리에게 직면한 과제는 항상 '현재'를 사는 것이다. 내면에 욕망이 없다면 죄도 없고 두려움도 없겠지만, 그 욕망이 있기에 나에게는 '광야'가 존재한다. 그리고 우리는 그 광야에서 비로소 온전하신 하나님의 임재를 경험한다.

고난을 통하여 하나님과 나의 사랑은 완성되어 간다. 그러므로 우리는 예수의 십자가 사랑을 통해 기뻐하고 감사하며 구원의 길을 걷는다.

# 속도의 시대, 두려움을 이기는 영성

*3 그의 아들에 관하여 말하면 육신으로는 다윗의 혈통에서 나셨고 4 성결의 영으로는 죽은 자들 가운데서 부활하사 능력으로 하나님의 아들로 선포되셨으니 곧 우리 주 예수 그리스도시니라* <로마서 1:3-4>

## 인성과 신성의 조화, 그리고 구속의 신비

하나님은 창조하시고, 인간은 타락하였으나, 하나님은 다시 예수 그리스도를 통해 구속하시는 여정을 이어간다.

이 모든 과정은 하나님의 아들이신 예수와 깊이 연관되어 있다. 인간의 타락마저 하나님의 섭리 안에 있다는 것은, 타락을 통해서 오히려 더 선한 결과로 이끌어가는 하나님의 놀라운 구원의 신비를 보여준다.

예수가 성자 하나님으로서 시간과 역사 속에 육신을 입고

'사람의 아들'로 태어났으나, 죽은 자들 가운데서 성령의 능력으로 부활하사 '하나님의 아들'로 선포되었다.

그렇다면 나의 육체도 부활할 수 있는가? 예수를 믿음으로 말미암아 영의 생명은 영원하지만, 육체는 죽을 수밖에 없다. 그러나 내 육체가 살아있는 동안 하나님과 일체가 되어 동행한다면, 나를 통해서도 하나님의 성품이 나타날 것이다. 그때 우리는 사람의 아들인 동시에, 예수를 믿음으로 하나님의 자녀가 되는 것이다.

## 창조와 구속의 주체이신 성자 하나님

성자 하나님인 예수가 바로 창조와 타락, 구속의 주체가 된다. 그래서 성자 하나님을 우리는 구세주라고 부르며, 동시에 인간 구원의 주체이시기에 창조주라 고백한다.

우리는 선포된 하나님의 아들을 통해 온전한 하나님을 알고, 만나며 예배할 수 있다.

반대로 말하면, 하나님을 알고 예배할 수 있도록 하나님의 아들이 이 땅에 선포된 것이다.

## "하나님의 영"으로 임하는 지혜로운 투자

“하나님 아들의 영“으로 주식투자를 가장 지혜롭게 할 수 있을까?

주가가 실시간으로 요동칠 때는 돈이 함께 움직이기에 심리가 극단으로 치닫기 쉽다.

인내할지 매매할지 즉흥적으로 결정해야 하는 상황이 오면, 어떤 선택을 하든 후회가 남을 수밖에 없음을 인지해야 한다.

수익이나 손실이 반복될 때 현실은 늘 극단적인 한쪽 방향으로 진행되어서 당황하지만,

단기 매매의 관점에서 보면 이는 나의 능력이나 기법과 무관한 우연인 경우가 많다.

특히 손실이 반복될 때는 반드시 매매를 중단해야 한다.

최선을 다했음에도 손실이 난다면 실력의 부족을 인정해야 하고, 감정에 휘둘린 매매라면 더더욱 멈춰야 하기 때문이다.

나는 투자를 시작할 때부터 장기와 단기를 엄격히 구분한다. 장기투자는 철저한 분석을 바탕으로 미래의 확실한 성장성을 보기에 주가의 급등락에 연연하지 않는다.

단기투자는 이익은 극대화하고 손실은 최소화한다. 이익이 날 때는 차트를 끝까지 주시하며 최고점 매도를

노리되, 정해진 손절선을 이탈하면 분석과 관계없이 기계적으로 매도하여 손실을 방어한다.

## 속도의 시대, 두려움을 이기는 영성

모바일 인터넷의 발달로 매매 속도와 파동이 매우 빨라졌다. 과거에는 한 파동을 4년(상승 2년, 하락 2년) 정도로 보았다. 좋은 종목은 많기에 매수 기회를 놓치는 것은 큰 문제가 아니지만, 매도 시점을 놓치면 긴 하락장을 견뎌야 한다. 이럴 때는 "늦었다고 생각할 때가 가장 빠르다" 는 마음으로 과단성 있게 매도를 실행해야 한다.

손실이 반복되면 두려움에 사로잡히고 본전 생각에 마음이 급해진다. 이는 결국 감당하기 힘든 나락으로 자신을 몰아넣는 결과를 초래한다.

주식투자가 영적인 이유는 큰돈이 움직일 때 마음이 현실을 왜곡해서 받아들이기 때문이다. 여기에 감정이 섞이면 두려움은 불에 기름을 부은 듯 타올라 이성을 마비시킨다.

## 평상심: 성령 충만의 열매

"하나님 아들의 영" 으로 충만하다는 것은 돈으로부터 마음을 최대한 자유롭게 한다는 뜻이다. 믿음과 두려움은 공존할 수 없다.

어떤 상황에서도 두려움은 허상일 뿐임을 깨닫고 그곳에 마음을 내어주지 말아야 한다. 자책과 두려움은 상황을 왜곡하고 손실을 키우는 감정에 불과하다.

하나님 아들의 영을 기뻐하는 마음에서 진정한 평온함과 평상심이 비롯된다.

많은 이들이 성령 충만을 일시적인 감정의 변화로 오해하지만, 감정적 충만함에만 의지해 행동하면 부작용과 거짓된 상황에 빠질 수 있다.

예수를 믿고 평상심을 유지하며, 하나님의 사랑에는 뜨겁게 반응하되 매사에는 객관성을 유지하며 살아가는 일상 그것이 바로 성령의 가장 큰 도우심임을 간과해서는 안 된다.

하나님에 관한 모든 지식은 결국 '나' 와의 관계성 속에 있다. 현재의 나로 사는 것, 그리고 부활 이후 하나님의 형상을 온전히 회복한 나로 사는 것. 이 모든 것이 연결되어 있기에, 나는 현실의 주식투자 또한 나에게 맡겨진 사역 일부로 여기며 그 뜻에 어긋나지 않도록 정진한다.

# 기도의 본질과 투자자의 결단

*9 내가 그의 아들의 복음 안에서 내 심령으로 섬기는 하나님이 나의 증인이 되시거니와 항상 내 기도에 쉬지 않고 너희를 말하며 10 어떻게 하든지 이제 하나님의 뜻 안에서 너희에게로 나아갈 좋은 길 얻기를 구하노라* <로마서 1:9-10>

예배는 예수의 복음 안에서 드리는 것이다. 십자가에서 죽고 부활함으로 선포된 하나님의 아들을 경배하며 “회개하라 천국이 가까이 왔느니라” 선포한 하나님 나라의 통치를 인정하는 것이 진정한 예배다.

마음과 목숨과 뜻과 힘을 다하여 하나님을 사랑하고, 내 이웃을 내 자신과 같이 사랑하는 마음을 품는 것, 그것이 복음 안에서 사는 삶의 예배다.

**기도의 본질과 투자자의 결단**

주식투자를 하며 주가 하락의 위기에 직면할 때, 때때로 다급하게 '주여!' 를 외치며 도움을 구하곤 했다. 그러나 대부분 하나님의 응답은 침묵이었고, 오히려 기도하느라 결단할 때를 놓쳐서 손실만 더 키우는 경험을 수없이 반복했다.

이를 통해 '기도란 무엇인가'를 깊이 생각하게 되었다. 진정한 기도란 내가 오판할 수 있는 감정적 요동을 십자가에 못 박는 과정이다.

하나님이 주신 지혜로 때에 맞게 객관적으로 판단하고 실행하는 것보다 중요한 것은 없다.

'주여!' 라는 부르짖음이 나의 책임을 전가하거나 판단을 유보하는 도구가 된다면, 그것이 과연 올바른 기도일까? 뼈아픈 손실 뒤에는 항상 나의 미련함을 기도로 포장하려고 했던 모습이 있었다.

## 우상 숭배와 평상심의 회복

주식투자를 하며 돈을 사랑하고 그것을 예배하듯 섬기는 것은 곧 우상 숭배다. 돈을 버는 것이 목적일지라도, 돈을 사랑하는 마음이 일만 악의 뿌리가 되어 나를 찌르게 되면서 지혜는 닫히고 오판만 남게 된다.

어떤 상황에서도 하나님을 사랑하는 마음을 근본에 두고, 돈에 마음을 빼앗기지 않은 상태로 투자해야 한다.

투자의 성패와 상관없이 하나님을 사랑하는 마음이 있다면 인생은 이미 의미가 있다. 폭락의 두려움이나 폭등의 환희에 매몰되는 순간, 돈은 우상이 되어 내 심리를 망가뜨린다.

주가에 따라 심리가 요동하는 것은, 우리가 나약한 존재이기 때문에, 하나님의 은혜가 더욱 절실한 것이다.

# 투자의 결핍을 넘어서는 믿음의 온전함

*16 내가 복음을 부끄러워하지 아니하노니 이 복음은 모든 믿는 자에게 구원을 주시는 하나님의 능력이 됨이라 먼저는 유대인에게요 그리고 헬라인에게로다. 17 복음에는 하나님의 의가 나타나서 믿음으로 믿음에 이르게 하나니 기록된 바 오직 의인은 믿음으로 말미암아 살리라 함과 같으니라* <로마서 1:16-17>

## 자랑하지 않을 수 없는 복음의 능력

복음을 '부끄러워하지 않는다' 고 한 것은, 단순히 수치스럽지 않다는 뜻을 넘어 '복음 안에 자랑스럽지 않은 것이 단 하나도 없다' 는 강력한 확신이다.

이 세상 언제 어디서나, 누구에게나, 어떤 상황에서라도 당당히 자랑할 수 있는 것, 그것이 바로 복음이다. 나에게는 자랑할 것이 이것뿐이기에, 이 기쁜 소식을 전하는 것이 내 삶의 간절한 소망이다.

## 하나님의 의와 인간의 결핍

복음이 완전한 이유는 하나님의 의가 그 안에 담겨 있기 때문이다.

하나님은 의로움 그 자체다. 하나님은 의를 계획하고, 그 계획대로 창조하며, 창조한 만물을 보존하고 통치한다.

또한 만물이 서로 협력하게 하는 그 거대한 섭리 속에서 나타나는 것이 바로 하나님의 의다.

하나님과 사람의 결정적인 차이는 영광과 결핍에 있다. 하나님은 무한하시기에 영광이 충만하시나, 사람은 유한하기에 항상 부족함과 결핍 속에 살아가는 존재다.

## 투자의 결핍을 넘어서는 믿음의 온전함

주식투자를 할 때 나는 늘 결핍을 마주한다. 수익이 나든 손실이 나든 상관없이, 매일 요동치는 주가 속에서 불안과 결핍의 그늘에 놓여있다.

그러나 내 삶의 의미는 이 결핍에 매몰되는 것이 아니라, 그것을 넘어 꽃들처럼 보아도 질리지 않는 삶, 시시각각 변화하면서도 본연의 아름다움을 잃지 않는 삶을 찾아가는 데 있다. 그것이 곧 하나님께 영광을 돌리는 길이라 믿는다.

전업투자자로 산다는 것은 생계가 달려있기에 매일 극단적인 선택과 상황에 직면하는 일이다.

주가의 급등락 앞에서도 내 심리가 요동치지 않을 때, 비로소 믿음의 온전함을 경험한다. 돈은 단지 '있고 없음'의 문제일 뿐, 나를 죽이거나 살릴 수 있는 실체가 아니다. 주가가 하락한다고 해서 생명이 끝나는 것은 아니다. 죽지 않는다면, 그것은 곧 사는 것이다.

## 불신앙의 두려움을 이기는 생명의 주권

나의 생명은 오직 하나님께 달려있다. 진정한 두려움은 생명의 주관자이신 하나님 앞에 서는 것이지, 결코 돈에 있는 것이 아니다.

그런데도 주가가 떨어질 때면 마치 죽을 것만 같은 두려움이 엄습한다. '죽을 것 같은' 기분일 뿐 실제로 죽는 것이 아님에도 그 허상에 사로잡히는 것, 그것이 바로 나의 불신앙이다. 돈의 파도에 휩쓸리지 않고 생명의 주인께 시선을 고정하는 것, 그것이 내가 복음 안에서 살아내야 할 의인의 삶이다.

# 투기인가, 투자인가, 선한 투자의 길

*6 하나님께서 각 사람에게 그 행한 대로 보응하시되 7 참고 선을 행하여 영광과 존귀와 썩지 아니함을 구하는 자에게는 영생으로 하시고 8 오직 당을 지어 진리를 따르지 아니하고 불의를 따르는 자에게는 진노와 분노로 하시리라* <로마서 2:6-8>

## 하늘 너머의 하늘을 사는 은혜

"하나님께서 각 사람에게 그 행한 대로 보응하시되"

우리는 날마다 일상 속에서 하나님의 나라를 경험하며 살아야 한다.

비록 땅을 밟고 살지만 우리는 동시에 '하늘 땅'을 밟고 사는 존재다.

하늘 아래 살면서도 하늘 너머의 영원한 하늘을 살아가고 있으며, 어둠 속에 거할지라도 언제나 빛 가운데

거한다.

이것이 이 시대를 살아가는 그리스도인들에게 허락된 특별한 은혜다.

새벽을 깨우는 이가 적듯, 미명에 밝아오는 하나님 나라를 경험하는 이들은 택함을 입은 자들이다.

## 창조 질서와 인과응보의 법칙

해가 뜨는 때를 낮이라 하고 달이 뜨는 때를 밤이라 한다. 낮의 광명과 밤의 광명이 각기 그 역할이 다르다. 만약 해와 달이 시간을 바꾸고 위치를 어긴다면 지구와 우주의 질서는 무너지고 말 것이다. 이처럼 하나님은 정해진 질서에 따라 반드시 행한 대로 갚으신다.

하나님의 은혜가 인간의 모든 무책임한 행위까지 무분별하게 덮어주는 것은 아니다.

선한 것은 선한 것이고, 악한 것은 악한 것이다. 선한 행위가 악한 행위로 인해 상쇄되지 않듯, 악 또한 선으로 적당히 가려지지 않는다. 이것이 하나님께서 세우신 준엄한 인과응보의 법칙이다.

## 투기인가, 투자인가, 선한 투자의 길

주식투자의 일차적인 목적은 수익을 내는 데 있다. 매매 상대를 알 수 없는 익명의 거래 속에서 선과 악을 명확히 구분하기란 결코 쉬운 일이 아니다. 하지만 주식투자를 할 때마다 내가 지금 '선한 투자'를 하고 있는지 늘 스스로를 돌아본다.

그 기준은 바로 '투기'인가 '투자'인가를 분별하는 데 있다.

요행을 바라는 투기를 멀리하고, 원칙을 지키는 투자의 자리를 지키려 노력해야 한다. 오랜 기간 전업투자자로 살며 수많은 고난을 겪으면서도 무너지지 않고 지금까지 존재할 수 있었던 이유는, 바로 선과 악을 분별하기 어려운 곳에서도 선의 자리를 지키려 했던 몸부림의 덕분이기 때문이다.

비록 선악의 분별이 어렵다고 해도 선과 악이 없는 것이 아니다.

# 해害를 자초하는 어리석음

*10 기록된 바 의인은 없나니 하나도 없으며 11 깨닫는*
*자도 없고 하나님을 찾는 자도 없고 12 다 치우쳐 함께*
*무익하게 되고 선을 행하는 자는 없나니 하나도 없도다*
<로마서 3:10-12>

*1 어리석은 자는 그의 마음에 이르기를 하나님이 없다*
*하는도다 그들은 부패하고 그 행실이 가증하니 선을 행하*
*는 자가 없도다 2 여호와께서 하늘에서 인생을 굽어살피*
*사 지각이 있어 하나님을 찾는 자가 있는가 보려 하신즉*
*3 다 치우쳐 함께 더러운 자가 되고 선을 행하는 자가 없*
*으니 하나도 없도다* <시편 14:1-3>

## 하나님이 없다 하는 어리석음의 본질

"어리석은 자는 그 마음에 이르기를 하나님이 없다" 고 말한다.

이는 단순히 지적인 부정이 아니라, 삶의 중심에 하나님의 말씀이 부재한 상태를 의미한다. 우리가 예수 그리스도의 형상을 닮아가려 애쓰지 않는다면, 누구라도 어리석은 자가 되어 부패하고 가증한 행실에 머물며 선으로부터 멀어질 수밖에 없다.

## 유익을 밀어내고 해를 자초하는 어리석음

어리석음은 때로 '고집'이라는 형태로 나타난다.

고집스러운 마음은 그 자신에게 유익한 것이든 해로운 것이든 객관적으로 수용하지 못하게 한다. 결국 지혜로운 선택이 주는 유익은 놓쳐버리고, 어리석음으로 인해 자신에게 해가 되는 결과를 고집스레 붙들게 된다.

참된 지혜는 내 생각을 내려놓고 진리를 받아들이는 유연함에서 시작된다.

## 하나님이 굽어살피시는 이유

하나님께서 하늘에서 인생을 굽어살피는 것은 우리를 심판하기 위함만이 아니다. 우리 중에 지각이 있어 하나님을 간절히 찾는 자가 있는지 보시기 위함이다.

우리가 하나님을 찾을 때, 비로소 어리석음의 안개가 걷히고 사물을 온전히 바라볼 수 있는 '지각'이 열리기 때문이다.

## 투자와 삶: 이성과 감정의 거룩한 조화

주식투자를 하다 보면 내 마음속에 하나님은 온데간데없고 오직 '돈' 만 가득할 때가 많다. 마음에서 하나님이 밀려나는 순간, 고집과 탐욕이 나를 찌르기 시작한다.

스스로 지혜롭다고 믿는 교만에 빠지면 '깨닫는 마음과 보는 눈과 듣는 귀' 가 닫혀버려서 결국 스스로 큰 위기를 자초하게 된다.

삶은 우리가 무엇을 추구하느냐에 따라 지혜로워지기도 하고 어리석어지기도 한다.

주식투자는 철저히 객관적이고 이성적인 판단을 요구하며, 감정에 휘둘리는 생각은 언제나 어리석은 결과를 낳는다. 그러나 우리의 일상까지 무미건조한 이성만으로 살 수는 없다. 감정이 없다면 사랑할 수도 없고 마음의 풍요도 누릴 수 없기 때문이다. 따라서 투자에서는 냉철한 이성을 유지하되, 삶에서는 뜨거운 사랑의 감정을 간직하는 조화로운 삶이야말로 하나님을 찾는 지각 있는 자의 모습일 것이다.

# 신중함의 왜곡과 환상이라는 함정

*23 모든 사람이 죄를 범하였으매 하나님의 영광에 이르지 못하더니 24 그리스도 예수 안에 있는 속량으로 말미암아 하나님의 은혜로 값 없이 의롭다 하심을 얻은 자 되었느니라* <로마서 3:23-24>

## 차별 없는 죄와 차별 없는 은혜

"모든 사람이 죄를 범하였으매 하나님의 영광에 이르지 못한다" 고 선언한다. 그러나 예수 그리스도를 믿는 자에게는 어떤 차별도 없이 하나님의 의가 선물로 주어진다.

우리가 하나님의 형상대로 지음을 받았다는 사실 자체가 우리 안에 '하나님의 영광'이 깃들어 있음을 의미한다.

우리에게는 이 훼손된 형상을 회복할 '하나님의 의'가 절대적으로 필요하며, 이는 예수 그리스도 안에 있는 구속으로 말미암아 하나님의 은혜로 값없이 주어지는 선물이다.

## 시장의 불확실성: 모두에게 차별 없는 모험

주식투자를 할 때 우리는 기업을 분석하고 미래를 예측하려 애쓰지만, 주가의 앞날을 온전히 알 수는 없다. 주가는 매일 우리의 의지와 상관없이 시대의 흐름을 반영하며 요동친다.

정보가 생명인 시장에서 정보를 쥔 자와 그렇지 못한 자 사이의 불평등은 존재하지만, '미래의 불확실성'이라는 거대한 모험 앞에 노출되어 있다는 점만큼은 누구에게나 차별이 없다. 그러기에 주식을 매수할 때는 지극히 신중해야 한다.

## 신중함의 왜곡과 환상이라는 함정

많은 투자자가 매수는 가볍게 결정하고, 막상 손실이 나면 그제야 장기투자를 결심하며 뒤늦은 신중함을 보인다. 하지만 그 신중함이 도를 넘어 근거 없는 '환상'으로 변질될 때, 주가가 끝없이 하락하는 심연의 고통을 경험하게 된다. 흔히 주식투자를 우연에 맡기곤

하지만, 우연히 산 종목이 급등하거나 급락하는 것으로 일희일비하는 것은 진정한 투자가 아니다.

### 믿음과 인내가 빚어내는 수익

변동성이 극심한 시장에서 꾸준히 수익을 낼 수 있는 비결은 기업의 성장성을 냉정하게 분석해 내는 힘에 있다. 주식투자 또한 신앙의 원리와 닮아 있다. 기업에 대한 올바른 분석과 신뢰가 '믿음'을 만들고, 그 믿음이 흔들리지 않는 '인내'를 낳으며, 결국 그 인내를 통해 수익을 보게 된다. 하나님의 은혜가 우리 삶의 기초이듯, 투자의 세계에서도 본질에 대한 신뢰와 인내가 승리의 열쇠가 된다.

# 불안을 이기는 힘: 분석과 신뢰

*21 이제는 율법 외에 하나님의 한 의가 나타났으니 율법과 선지자들에게 증거를 받은 것이라 22 곧 예수 그리스도를 믿음으로 말미암아 모든 믿는 자에게 미치는 하나님의 의니 차별이 없느니라* <로마서 3:21-22>

율법의 한계가 벗겨지는 순간에 예수의 믿음으로 한 의가 나타났으니 구약 성경의 증거를 받게 되는 것이다, 이는 곧 예수 그리스도를 믿음으로 말미암아 모든 믿는 자에게 미치는 하나님의 의가 됨으로써 차별이 없다는 말씀이다.

**율법을 넘어 나타난 하나님의 의**

율법의 한계가 벗겨지는 순간, 예수 그리스도를 믿음

으로 말미암는 '한 의'가 나타났다. 이는 이미 율법과 선지자들이 증거해 온 바다.

이 의는 예수 그리스도를 믿는 모든 자에게 차별 없이 미치는 하나님의 공의다.

"너희는 먼저 그의 나라와 그의 의를 구하라" 하신 말씀처럼, 예수를 믿음으로 그분의 영과 말씀의 지혜가 내 안에 들어와 나를 다스릴 때, 나의 영혼에는 비로소 하나님의 나라가 임하고 하나님의 의가 드러나게 된다.

### 영광에서 영광으로: 변화되는 형상

우리가 수건을 벗은 얼굴로 거울을 보는 것같이 주의 영광을 대할 때, 우리는 주와 같은 형상으로 변화하여 영광에서 영광에 이르게 된다. 이는 오직 주의 영으로 말미암은 역사다. 하나님의 의를 나타낸다는 것은, 나를 십자가에 못 박아 내가 사라지고 예수만 거울에 나타나는 것이 아니다. 거울에는 분명 '나'라는 존재가 비치는데, 그 내 얼굴 위로 예수의 영이 투영되어 나타나는 것이다. 즉, 십자가 사건을 통과한 나의 존재가 예수의 영과 결합하여, 나의 인격이 하나님의 나라와 의를 담아내는 통로로 완성됨을 의미한다.

### 돈의 위력과 주권의 문제

주식투자에서 마주하는 '현실적인 의'는 과연 무엇일까? 주가가 오르면 욕망이 채워져 행복을 느끼지만, 주가가 하락하면 온갖 절망이 파도처럼 몰려온다. 단지 자산의 가치가 하락했을 뿐인데, 왜 우리는 항상 죽을 것 같은 고통을 느끼는 것일까? 이것이 바로 실생활에서 체감하는 '돈의 위력'이다. 나도 모르는 사이 돈이 하나님의 자리를 찬탈하여 나의 주인이 되어버린 것은 아닌지 돌아보게 된다.

### 관념을 넘어 실체적 진리로 나아가는 길

주식투자는 철저한 기업분석에서 시작하여 그 실체에 접근해 가는 과정이다. 내가 분석한 기업의 성장성이 현실에서 어떻게 증명되느냐가 투자의 성패를 가른다. 신앙 또한 이와 같다. 하나님을 믿는다는 것은 단순히 관념적인 구원의 확신에 머무는 것이 아니다. 하나님의 의라는 그 거룩한 '실체'를 삶 속에서 경험하고 알아갈 때, 비로소 우리는 온전한 진리의 여정에 도달하게 된다.

### 불안을 이기는 힘: 분석과 신뢰

주가가 하락할 때 불안을 느끼고 마음을 빼앗기는 것은 연약한 인간으로서 피하기 어려운 현실일지도 모른다. 그러나 그 불안을 이겨내고 투자를 지속하려면, 철저한 분석을 토대로 한 확고한 '믿음'이 뒷받침되어야 한다. 우리의 신앙이 하나님의 의에 대한 신뢰로 완성되듯, 투자 또한 기업의 실체에 대한 흔들리지 않는 믿음이 있을 때 비로소 인내의 결실이 맺게 된다.

# 투자의 현장에서 발견하는 죄의 실체

*25 이 예수를 하나님이 그의 피로써 믿음으로 말미암는 화목제물로 세우셨으니 이는 하나님께서 길이 참으시는 중에 전에 지은 죄를 간과하심으로 자기의 의로우심을 나타내려 하심이니 26 곧 이 때에 자기의 의로우심을 나타내사 자기도 의로우시며 또한 예수 믿는 자를 의롭다 하려 하심이라* <로마서 3:25-26>

**단번에 드려진 완전한 화목제물**

하나님께서는 이 예수를 그의 피로써, 믿음으로 말미암는 화목제물로 세우셨다. 이는 하나님께서 길이 참으시는 중에 인류의 모든 죄를 그 아들이신 예수에게 전가함으로써 하나님의 의로우심을 나타내려 하심이다. 예수를 통해 하나님의 의가 온전히 성취되었기에, 이제 하나님께서는 스스로 의로우실 뿐만 아니라 예수를 믿는 자 또한 의롭다고 여겨 주신다.

구약의 제사에서 화목제물은 안수를 통해 죄를 전가

하고, 제물을 죽여 피를 뿌리며, 그 고기는 각을 떠서 번제로 드렸다. 하나님의 아들이신 예수께서는 친히 육신을 입고 이 땅에 오셔서, 우리를 위한 흠 없는 화목 제물이 되어 주셨다.

## 투자의 현장에서 발견하는 죄의 실체

주식투자를 하며 돈의 급등락에 영혼을 빼앗겨 본 사람은 죄가 무엇인지 실감하게 된다. 내 존재의 의미를 오직 돈에서만 찾으려 할 때, 인간은 누구나 감정에 사로잡힌 추한 모습을 드러낸다.

감정이 나를 속일 때 매매를 강행하면 어떻게 되겠는가? 주식투자의 막대한 손실은 대개 이처럼 이성을 잃고 감정적으로 매매할 때 발생한다.

주가가 조금 하락했을 뿐인데도 당장 망할 것 같은 왜곡된 두려움에 사로잡혀 고통을 느끼지만, 다음날 보면 주가는 거짓말처럼 다시 상승하곤 한다. 이럴 때 나 자신을 가만히 들여다보면 죄의 본질이 무엇인지, 그리고 왜 내 안을 비추는 예수의 빛이 그토록 소중한지 또렷이 볼 수가 있다.

## 두려움을 내쫓는 온전한 사랑

결국 주식투자의 현장에서도 승리하는 비결은 기술이

아닌 '사랑'에 있다. 어떤 극한 상황에서도 "마음을 다하고 목숨을 다하고 뜻을 다하여 주 너의 하나님을 사랑하라" 하는 그 말씀을 붙들 때, 우리는 비로소 왜곡된 두려움을 이겨낼 수 있다.

주식투자는 돈만 사랑하면 그만일 것 같지만, 역설적이게도 하나님을 사랑하는 마음이 내 안에 중심을 잡을 때 비로소 탐욕과 공포에 휘둘리지 않고 나를 선한 길로 인도하는 지혜를 얻게 된다. 하나님을 향한 사랑이야말로 우리를 나락에서 건져 올리는 가장 강력한 투자의 원칙이자 삶의 지표다.

# 눈과 귀가 두 개인 이유: 분별과 버림

*6 일한 것이 없이 하나님께 의로 여기심을 받는 사람의 복에 대하여 다윗이 말한 바 7 불법이 사함을 받고 죄가 가리어짐을 받는 사람들은 복이 있고 8 주께서 그 죄를 인정하지 아니하실 사람은 복이 있도다 함과 같으니라* <로마서 4:6-8>

*1 허물의 사함을 받고 자신의 죄가 가려진 자는 복이 있도다 2 마음에 간사함이 없고 여호와께 정죄를 당하지 아니하는 자는 복이 있도다* <시편 32:1-2>

### 행위가 아닌 믿음으로 얻는 복

다윗은 일한 것이 없어도 하나님께 의로 여기심을 받는 사람의 복에 대해 노래했다.

"불법이 사함을 받고 죄가 가리어짐을 받는 사람들은 복이 있도다"는 의로움이 우리의 완벽한 행위나 율법 준수에서 오는 것이 아님을 분명히 한다. 죄로 인해 끊임없이 고통받고 고민하는 것은 때로 하나님의 완전한 용서에 대한 무지에서 비롯되기도 한다.

우리가 하나님 말씀에 순종하려 애쓰는 것은 의롭다 함을 얻기 위한 수단이 아니라, 오직 믿음으로 의롭다 함을 얻은 자가 살아가야 할 마땅한 삶의 열매이다.

## 눈과 귀가 두 개인 이유: 분별과 버림

주식투자에서 경계해야 할 허물은 '돈만 벌면 그만' 이라는 생각이다. 세상에는 벌어도 되는 돈이 있고, 벌지 말아야 할 돈이 있다. 정당하지 못한 방법으로 이득을 취하는 습관을 반복하면 결국 큰 낭패를 보게 된다.

우리에게 눈이 두 개인 것은 한 눈으로 본 허상과 욕심을 다른 눈으로 남김없이 흘려버리기 위함이며, 귀가 두 개인 것 또한 한 귀로 들은 뜬소문을 다른 귀로 남김없이 버리기 위함이다. 눈으로 본 것과 귀로 들은 것에만 의존하여 투자한다면, 결국 그 소문을 이용해 사익을 취하는 세력에게 이용당할 뿐이다.

## 고집을 버리고 열린 마음으로 걷는 정도

주식투자에는 반드시 지켜야 할 정도가 있다. 정도를 벗어나 요행으로 수익을 내려 해서는 안 된다. 삶의 고난을 마주할 때 스스로를 돌아보면, 대개 욕심과 고집이 화를 자초했음을 깨닫게 된다.

하나님 앞에서 항상 열린 마음을 유지할 때, 비로소 시장을 객관적으로 바라볼 수 있는 시각이 열린다.

# 은혜와 사랑: 투자의 패러다임 전환

*23 그에게 의로 여겨졌다 기록된 것은 아브라함만 위한
것이 아니요 24 의로 여기심을 받을 우리도 위함이니 곧
예수 우리 주를 죽은 자 가운데서 살리신 이를 믿는 자니
라 25 예수는 우리가 범죄한 것 때문에 내줌이 되고 또한
우리를 의롭다 하시기 위하여 살아나셨느니라 <로마서
4:23-25>*

**약속을 믿는 믿음, 성취를 믿는 믿음**

바랄 수 없는 중에 바라고, 이해할 수 없는 명령에 순종하는 믿음으로 말미암아 아브라함이 의로 여겨진 것처럼 우리도 의로 여겨졌다.

아브라함은 하나님의 약속이 이루어질 것을 믿었다면, 우리는 하나님의 약속이 죽은 자 가운데 살린 예수를 통해 이루어진 것을 믿는 믿음이다.

우리를 구원하고자 하는 약속의 성취를 위하여 그 아들을 십자가에 죽게 하였고 우리를 의롭다 하기 위하여 다시 살게 하였다.

## 은혜와 사랑: 투자의 패러다임 전환

예수를 믿음으로 나를 죄에서 건져 생명에 이르게 하신 것은 나를 향한 하나님의 전적인 사랑이자 은혜이다. 만약 주식투자의 초점을 이 '사랑'에 맞춘다면 우리의 투자는 어떻게 달라질까요?

돈 자체를 목적으로 삼고 사랑하게 되면, 돈을 벌어도 탐욕이라는 죄에 빠지고 돈을 잃어도 절망이라는 고통에 사로잡히는 인생을 살게 된다. 그러나 돈이 아닌 '좋은 기업을 발굴하는 것' 자체를 사랑하여 분석하고 투자한다면 어떨까요? 그렇게 얻은 결실로 '내 이웃을 사랑하는 일' 에 기꺼이 사용한다면, 주식투자는 결코 죄가 될 수 없을 것이다.

## 돈은 사랑의 대상이 아닌 도구일 뿐

말씀에는 돈을 사용하는 행위가 아니라 '돈을 사랑하는 것' 이 일만 악의 뿌리라고 경고한다. 하나님을 사랑하는 것이 진정한 사랑의 출발점이며, 돈은 근본적으로 우리의 사랑을 받아야 할 대상이 아니다.

내가 돈을 사랑할 때 영혼은 피폐해지고 수많은 근심이 나를 찌르는 것을 수없이 경험해 왔다. 돈을 사랑하면 설령 거액의 돈을 벌었을지라도 그 인생은 이미 황

폐해져 있을 수밖에 없다. 하나님을 사랑하는 마음이 투자의 근간이 될 때, 비로소 우리는 돈의 노예가 아닌 주인이 되어 세상을 이롭게 하는 선한 청지기의 길을 걸을 수 있다.

# 기쁨과 고통의 파도를 넘어서

*3 다만 이뿐 아니라 우리가 환난 중에도 즐거워하나니 이는 환난은 인내를, 4 인내는 연단을, 연단은 소망을 이루는 줄 앎이로다* <로마서 5:3-4>

'하나님의 영광을 바라고 즐거워할 뿐만 아니라, 하나님이 인도하는 삶이라면 고난조차도 즐거워하나니' 하나님을 알게 되니, 환난(고난)이 인내(기다림)를, 인내는 연단(시험)을, 연단은 소망(희망)을 이루(성취)는 줄 앎이로다

**결핍과 과잉, 시계추와 같은 행복의 허상**

인생은 마치 좌우로 움직이는 시계추와 같다. 한쪽에

는 결핍이 있고, 다른 한쪽에는 과잉이 있다. 우리는 늘 이 결핍과 과잉 사이를 오가며 살아간다.

그러나 결핍만 고통인 것이 아니라 과잉 또한 고통이다. 배고픔의 허기만큼이나 배부름의 더부룩함도 괴로운 법이다.

행복이라는 감정은 시계추가 결핍에서 과잉으로 넘어가는 그 찰나의 순간에 잠시 스쳐 지나간다. 시간은 멈추지 않고 흐르기에 행복은 그 자리에 머물러 있지 않는다.

설령 그 지점에 멈춰 설 수 있다 해도, 시간이 흐를수록 자극에 무뎌지며 행복감은 줄어들기 마련이다.

행복은 이처럼 찰나의 현상에 불과하다. 그렇기에 예수는 "먼저 그의 나라와 의를 구하라"고 말씀하며, 우리에게 변치 않는 영원한 생명을 얻으라고 권면하는 것이다.

## 투자와 심리: 기쁨과 고통의 파도를 넘어서

주식투자로 돈을 벌면 영원히 기쁠 것 같고, 돈을 잃으면 끝없는 고통이 남을 것 같지만, 우리의 마음은 금세 적응해 버린다. 기쁨은 잠시일 뿐, 그 자리는 다시 '더 벌어야 한다'는 열망이나 '본전을 찾아야 한다'는 조급함으로 채워진다.

돈을 잃었을 때 느끼는 조급함은 무모한 결정으로 이

어지기 쉽다. 그러므로 주식투자에서 가장 중요한 것은 수익률보다 '투자 위험성(Risk)'을 관리하는 것이다. 시계추처럼 요동치는 수익률에 마음을 빼앗기지 않으려면 항상 초심을 유지하며 나만의 투자원칙을 지켜내야 한다.

돈을 벌고 잃는 결과는 그다음의 문제일 뿐이다. 원칙을 지키는 연단이 있어야만, 시장의 환난 속에서도 흔들리지 않는 소망을 이룰 수가 있다.

# 고통의 내성을 넘어 발견한 평온

*9 그러면 이제 우리가 그의 피로 말미암아 의롭다 하심*
*을 받았으니 더욱 그로 말미암아 진노하심에서 구원을 받*
*을 것이니 10 곧 우리가 원수 되었을 때에 그의 아들의*
*죽으심으로 말미암아 하나님과 화목하게 되었은즉 화목하*
*게 된 자로서는 더욱 그의 살아나심으로 말미암아 구원을*
*받을 것이니라 11 그뿐 아니라 이제 우리로 화목하게 하*
*신 우리 주 예수 그리스도로 말미암아 하나님 안에서 또*
*한 즐거워하느니라* <로마서 5:9-11>

## 고통의 내성을 넘어 발견한 평온

나는 주식투자로 시대를 관통하며 살아왔다. 한때는 고난이 곧 고통이요 괴로움이었으며, 끝없는 두려움에 사로잡혀 존재의 의미마저 잃어버린 듯한 날들을 보내기도 했다.

주가가 급등락하는 것이 시장의 생리임에도 불구하고, 주가가 하락할 때면 마치 내 인생에 끝장난 것처럼 절망하며 죽음 같은 고통 속에 머물렀다.

지나온 날들을 돌아보면 '어떻게 그 긴 세월을 버텨왔을까?' 싶다.

어느 날부터 주가가 하락해도 내 마음이 요동하지 않는 것을 발견했다. 예전 같으면 몸부림치며 신음했을 상황인데도 내면은 평온했었다. 주가 하락에 연동되어 마음이 무너졌던 수많은 경험이 내성이 된 것일까요? 하락과 고통을 인생의 당연한 기본으로 받아들이기 시작하자, 오히려 역설적으로 내면에서 기쁨이 싹트고 평온함이 차오르기 시작했다.

## 하나님을 즐거워하는 삶: 믿음의 완성

나는 본래 하나님 앞에 죽을 수밖에 없는 죄인이 이었다. 그러나 하나님이 아들 예수로 화목제물로 십자가에서 죽고 부활함으로, 그를 믿음으로 나를 의롭다 하였다.

하나님 나라를 사는 삶의 기초는 바로 구원의 기쁨으로 하나님을 즐거워하는 것이다. 믿음으로 구원의 기쁨이 시작되어, 만물을 다스리시는 창조의 기쁨을 넘어, 영원한 하나님의 나라를 소유한 자로 하나님을 항상 즐거워하며 사는 것이다. 주식시장의 폭풍 속에서도 내가 하나님과 화목한 자임을 기억할 때, 비로소 진정한 자유를 누리게 된다.

# 죄에 갇힌 신앙을 넘어 기쁨의 예배로

*20 율법이 들어온 것은 범죄를 더하게 하려 함이라 그러나 죄가 더한 곳에 은혜가 더욱 넘쳤나니 21 이는 죄가 사망 안에서 왕 노릇한 것 같이 은혜도 또한 의로 말미암아 왕 노릇 하여 우리 주 예수 그리스도로 말미암아 영생에 이르게 하려 함이라* <로마서 5:20-21>

## 죄를 압도하는 은혜의 통치

율법이 들어온 것은 우리가 깨닫지 못했던 죄를 분명히 알게 하려 함이다. 그러나 죄가 드러나고 더해진 그 곳에 하나님의 용서와 은혜는 더욱 넘쳐났다.

죄가 사망 안에서 왕 노릇 하며 모든 생명을 죽음에 이르게 했던 것처럼, 이제는 하나님의 은혜가 의를 통하여 왕 노릇 한다. 이 은혜는 우리 주 예수 그리스도로 말미암아 우리를 영원한 생명으로 인도한다.

## 죄에 갇힌 신앙을 넘어 기쁨의 예배로

나는 그동안 '죄에 대한 회개' 만을 끝없이 강조하는 모습들을 많이 보아왔다. 입술로는 예수의 사랑과 천국, 그리고 감사를 말하지만, 그 이면에는 우울함이 짙게 깔려있는 경우가 참 많다. 자신의 죄에만 갇혀 있는 사람들의 기도는 대개 눈물을 흘리며 주관적이고 감정적이기 마련이다.

때로는 어떤 일시적인 느낌을 성령의 임재라 믿으며 신앙생활에 열심을 내보지만, 정작 삶의 현장에서는 아무런 변화도, 성숙도 없이 그저 시간만 흘려보내곤 한다.

그러나 율법으로 죄를 깨닫고 그 죄를 덮는 은혜를 발견하며, 예수의 십자가와 부활을 통해 영원한 하나님의 나라에 이르는 진리를 깨달을 때, 우리는 비로소 신앙생활의 핵심이 구원의 소식을 '기뻐하고 즐거워하는 것' 에 있다는 사실을 알게 된다.

죄의 결박으로부터 얻은 자유를 기뻐하고, 하나님의 크신 사랑과 영원한 생명이 있음을 즐거워하는 것, 그것이 바로 믿음 생활의 본질이자 기본이다.

## 승리의 시작: 불안을 이기는 평정심과 즐거움

주식투자의 현장에서도 '불안과 두려움' 은 패배의

시작이며, '기쁨과 즐거움'은 승리의 시작임을 알 수 있다. 심리가 불안하면 생각의 세포들이 닫혀 정상적인 판단이 불가능해진다. 결국 감정적이고 충동적인 매매로 이어져 뼈아픈 후회를 남기게 되는 경우가 많다.

반면, 평정심을 바탕으로 기뻐하고 즐거워하는 마음을 유지하면 생각의 세포들이 활성화되어 객관적이고 지혜로운 감각이 깨어나게 된다.

이러한 상태에서 비로소 인내하며 수익을 극대화할 수 있는 힘이 생기고, 위기 상황에서는 손실을 최소화하여 과감히 손절하는 결단력도 생기는 법이다. 기쁨은 단순한 감정이 아니라, 우리를 가장 지혜롭게 만드는 영적, 심리적 토대가 된다.

# 제2부

# 연단鍊鍛과 흔들리지 않는 분석

# '성장성'의 능력

*1 그런즉 우리가 무슨 말을 하리요 은혜를 더하게 하려고 죄에 거하겠느냐 2 그럴 수 없느니라 죄에 대하여 죽은 우리가 어찌 그 가운데 더 살리요* <로마서 6:1-2>

**믿음의 오용과 율법의 완성**

오직 믿음으로 의롭다 함을 얻고 구원에 이른다는 진리에는 자칫 방종으로 흐를 수 있는 위험성이 내포되어 있다. 믿음을 왜곡하여 자신의 부패와 오염을 정당화하는 도구로 삼는 이들이 있기 때문이다.

그러나 '믿음으로 얻는 의'가 율법을 무시해도 된다는 뜻은 결코 아니다. 오히려 율법은 믿음의 궤도를 잡아주며 그 믿음을 완성한다. 따라서 구원받은 자는 죄를 방관하거나, 죄 가운데 사는 것을 어쩔 수 없는 운명으로 받아들이며 적응해서는 결코 안 된다.

### 대주주 리스크의 폐단

기업분석을 하다 보면 기업의 가치는 훌륭하나 주가가 움직이지 않는 '대주주 리스크'를 마주할 때가 있다. 대주주가 승계나 증여를 염두에 두고 주가 상승을 억제하려 하기 때문이다. 이는 마치 "예수가 내 죄를 다 담당하였으니 율법을 무시하고 은혜로만 살겠다"라며 방종에 빠진 왜곡된 신앙의 모습과 닮아 있다.

예수가 율법을 완성함으로 하나님의 의와 사랑이 온전히 통합되었듯이, 진정한 투자 가치 또한 대주주의 사욕이 아닌 기업 본연의 책임과 성장성 안에서 통합되어야 한다. 대주주의 사심에 따라 주가가 휘둘리는 종목은 가급적 피하는 것이 현명하다.

대주주가 마음을 바꾸거나 경영권이 승계될 때까지 기다리기에는 불확실성이 너무 크다. 때로는 가업을 물려받은 받은 자녀가 창업자보다 더 지독한 리스크가 되기도 하기 때문이다.

대주주 리스크가 해소되기를 막연히 기다리다가는 소중한 인생을 허비할 수 있다. 인생의 낭비에 그치지 않고, 그 고통스러운 기다림의 과정은 화병을 불러일으켜 영혼과 육신의 건강까지 해치게 된다.

그러므로 은혜를 악용하는 자들을 경계하듯, 주주의

권익을 무시하는 종목을 멀리하는 것이 자기 마음의 평안을 지키는 길이다.

## 모든 상황을 이기는 '성장성'의 능력

우리가 예수를 믿음으로 의롭다 함을 얻어 생명의 길로 나아가듯, 주식의 미래 또한 결국 '성장성'이라는 생명의 길로 통한다. 자산의 규모나 대주주 리스크가 어떠하든, 기술이 독점적이고 미래 성장 동력이 강력하다면 주가는 결국 모든 악조건을 뚫고 상승하게 마련이다.

성장성이 뚜렷한 종목이라면 일시적인 고통이나 하락을 인내하며 견딜 가치가 있다. 믿음이 인내를 온전히 이룰 때 구원의 영광을 보듯, 확실하게 성장하는 주식 역시 인내의 시간을 견뎌내면 마침내 거대한 급등의 파동을 맞이하게 된다.

# 투자 현장에서 누리는 평안

*21 너희가 그 때에 무슨 열매를 얻었느냐 이제는 너희*
*가 그 일을 부끄러워하나니 이는 그 마지막이 사망임이라*
*22 그러나 이제는 너희가 죄로부터 해방되고 하나님께 종*
*이 되어 거룩함에 이르는 열매를 맺었으니 그 마지막은*
*영생이라 23 죄의 삯은 사망이요 하나님의 은사는 그리스*
*도 예수 우리 주 안에 있는 영생이니라* <로마서 6:19-23>

## 영생: 하나님을 아는 관계의 회복

"영생은 곧 유일하신 참 하나님과 그가 보내신 자 예수 그리스도를 아는 것" 이라 정의한다. 예수를 믿는다는 것은 죄로 죽었던 내가 은혜와 의를 입어 영생을 누리는 것이다. '죄' 란 인생이 겪는 고통의 근원적인 상태를 말하며, 그 불행의 끝은 결국 죽음이다. 이 죽음을 폐한 것이 바로 예수의 부활이다.

예수를 믿기 전에는 죄와 죽음이 우리 삶을 지배했다면, 이제는 하나님이 베풀어 준 은혜가 우리 삶을 통치한다. 예수를 믿는다는 것은 내 삶 속에 하나님의 사랑을 구현하는 것이다. 하나님의 뜻에 따라 십자가를 진 예수처럼, 그분의 뜻에 순종하는 것이 곧 하나님의 나라와 의를 이루는 영생의 삶이다. 영생은 죽어서만 가는 먼 나라의 이야기가 아니라, 예수 그리스도를 믿음으로 하나님 안에서 맺어가는 '생명의 관계' 그 자체이다.

## 투자 현장에서 누리는 평안

주식투자를 하는 이들에게 '영생'이란 참으로 소망하면서도 한편으론 참으로 생소한 말이다. 주가가 하락하면 불안감이 증폭되고 두려움에 사로잡히는 날이 많기 때문이기도 하다. 그러나 영생을 소유한 자의 삶은 어떤 상황에서도 '참 평안.에 이르러 있어야 한다.

고난의 상황에서 종종 현상 그 자체보다 훨씬 더 크게 불안감을 스스로 증폭시키곤 한다. 그런 불안함에서 내리는 결정은 반드시 손실로 이어지기 마련이다. 매일 점을 치듯 시장의 흐름을 다 맞추려 하는 것은, 언젠가 찾아올 필연적인 손해와 갈등의 함정을 스스로 파는 일이다. 수익을 극대화하고 올바른 결단을 내리는 힘은 예측의 기술이 아니라, 마음의 평온함에서 나온다. 그 평안함이 주식투자에서도 승리의 비결이 됨을 잊지 말아야 한다.

# 정도正道 투자의 길

*13 그런즉 선한 것이 내게 사망이 되었느냐 그럴 수 없느니라 오직 죄가 죄로 드러나기 위하여 선한 그것으로 말미암아 나를 죽게 만들었으니 이는 계명으로 말미암아 죄로 심히 죄 되게 하려 함이라* <로마서 7:13>

## 생명과 사망의 실존적 의미

'생명'은 좋음의 극치이다. 기쁨과 즐거움, 행복과 보람이 충만한 상태이다.

반면 '사망'은 선한 것이 전혀 없는 상태를 뜻한다. 끝없는 슬픔과 고통, 억울함과 답답함, 그리고 억눌림만이 가득한 곳이다. 사망의 본질은 하나님으로부터 끊어지는 것이다. 하나님을 믿지 않는 이들에게 죄의 결과로 주어지는 사망은, 참혹하고 끔찍한 불행 속에서 영원히 단절되는 것을 의미한다.

### 고난을 통과하며 새롭게 되는 투자자

주식투자는 어찌 보면 '사망의 권세(절망)'를 이겨나가는 과정이며, 그 과정에서 겪는 어려움은 도리어 유익이 된다. 표면적으로는 주가가 오르면 '선'이고 내리면 '악'인 것 같지만, 과거에 나는 주가가 하락하면 죽고 싶은 절망에 빠졌고 주가가 올라야만 겨우 평상심을 유지하던 존재였다. 그러나 돌아보니 주가 하락은 나를 죽이러 온 것이 아니라 나를 새롭게 하러 온 것이었다. 하락의 이유를 분석하고, 매도할 것인지 인내할 것인지 치열하게 고민하는 과정에서 단련돼왔다. 죽을 것만 같았을 뿐 죽지 않았고, 오히려 그 고난을 이겨내고 오랜 세월 전업투자자로 살아남아 수익을 내고 있다. 고난에 영적 의미를 두는 자는 결국 승리하게 될 것이다.

### 숫돌에 지혜의 날을 가는 정도正道 투자의 길

고난은 숫돌과도 같다. 숫돌에 고난 자체를 가는 것이 아니라, 고난이라는 숫돌 위에 나의 지혜와 선한 의지를 날카롭게 갈아야 한다. 단순히 '돈만 벌면 된다'는 일념으로 걷는 길에서 만나는 고난은, 자신의 투자를 정도에서 벗어나게 하여 고통의 늪에 빠뜨릴 수 있다.

진정한 투자의 길은 나의 투자가 타인에게도 유익이 되는 '선'을 지향하고, 옳은 길에서 만나는 고난을 인내로 통과하여 결국 선한 결과를 만들어 내는 것이다. 잘못된 투자가 '고집'이 되고, 그 고집을 '인내'라는 환상으로 포장되면 투자는 실패하게 된다. 하지만 깨어 있는 지혜로 고난을 통과하면, 그 고난은 나의 판단력을 날카롭게 세우는 축복의 도구가 될 것이다.

# 유혹과 인내

*21 그러므로 내가 한 법을 깨달았노니 곧 선을 행하기 원하는 나에게 악이 함께 있는 것이로다 22 내 속사람으로는 하나님의 법을 즐거워하되 23 내 지체 속에서 한 다른 법이 내 마음의 법과 싸워 내 지체 속에 있는 죄의 법으로 나를 사로잡는 것을 보는도다 24 오호라 나는 곤고한 사람이로다 이 사망의 몸에서 누가 나를 건져내랴 25 우리 주 예수 그리스도로 말미암아 하나님께 감사하리로다 그런즉 내 자신이 마음으로는 하나님의 법을 육신으로는 죄의 법을 섬기노라* <로마서 7:21-25>

## 감정에 속는 육체의 사람

육체에 속한 사람은 언제나 감정이 우선한다. 하나님이 주신 그 좋은 지능조차 감정의 요구를 정당화하고 실현하는 데 쏟아붓는다.

그러나 그 길의 끝은 결국 고난이다. 그렇기에 우리는 자기의 감정을 신뢰하며 죄를 좇아 사는 육체의 사람으로 남아서는 안 된다.

### 불나방의 유혹과 장기투자의 인내

주식투자에서 가장 위험한 순간은 내 마음이 '불나방'처럼 변할 때이다. 시장은 늘 화려하게 급등하는 종목들을 보여준다. 그것을 보고 있으면 소외감에 자책하게 되고, 결국 불꽃에 뛰어드는 불나방처럼 시세를 좇아가다 위험에 노출되는 것이다.

나는 단기투자로 늘 큰 수익을 내는 타인을 부러워하며 흉내 내보기도 하지만, 정작 뒷북만 치며 손실을 키우는 경우가 많았다. 그래서 이제 남의 방식이 아닌, 내가 투자하는 종목의 본질을 분석하는 데만 집중하고 있다. 미래의 큰 성장성이 보이면 보유하고, 그렇지 않으면 매도할 뿐이다. 이것이 내가 대부분의 투자를 장기적으로 가져가는 이유가 된다. 결국에 큰 수익을 내는 비결이기도 하다.

# 좌절로부터 자유

*1 그러므로 이제 그리스도 예수 안에 있는 자에게는 결코 정죄함이 없나니 2 이는 그리스도 예수 안에 있는 생명의 성령의 법이 죄와 사망의 법에서 너를 해방하였음이라* <로마서 8:1-2>

그리스도 예수 안에 있는 자는 육신을 따르지 않고 영을 따라 행함으로 정죄함이 없다. 즉, 예수 안에서 있는 자와 영을 따라 행하는 자에게는 정죄함이 없다는 것이 복음의 핵심이다..

## 시장의 비교와 좌절로부터의 자유

주식시장에는 늘 화려한 급등의 테마와 세력의 움직임이 공존한다. 수많은 종목을 다 알 수도, 매매할 수도 없지만, 급등하는 종목들을 보고 있으면 어느새 내가 보유한 종목과 비교하게 되고 깊은 좌절감을 느끼곤 한다. 내 종목이 시장의 흐름과 역행할 때 느끼는 그 소외감은 매우 견디기 힘들지만, 세상의 어떠한 일이든 남과 비교하는 순간 실패가 시작된다.

투자자의 성품과 성향에 따라 매매 패턴은 다를 수 있으며 그 다양성은 인정되어야 한다. 그러나 나는 내가 투자하는 종목을 분석하는 것 이외 다른 어떤 종목과 비교하지 않는다. 시시각각 변하는 테마나 급등락 종목에 더 이상 마음을 빼앗기지 않는 것, 그것이 늘 인내를 통화해서 큰 수익을 올리는 투자 비결이다.

## 영을 따르는 삶과 건전한 투자

나는 한 번 매수하면 장기 보유하는 원칙을 가지고 있다. 그렇기에 우선은 최대한 저렴하게 매수하는 것이 중요하다. 분석할 때는 차트를 통해 역배열 저점에 있는 종목을 찾으며, 재무제표의 건전성, 기술의 독보적 독점성, 그리고 미래 영업이익의 명확한 전망을 기준으로 삼는다.

물론 역배열 저점에서 이런 종목을 찾기란 쉽지 않으며, 주가 하락 이면에 내가 모르는 악재가 숨어 있을 수도 있다. 그렇기 때문에 설령 조금 더 높은 가격에 매수하더라도, '독보적인 성장성'이 확인되면 최대한 단시간에 호가를 높이지 않으면서 공격적으로 매수한 후에 장기 보유한다.

주식투자는 건전한 투자의 가치를 추구할 때, 비로소 가야 할 길이 선명하게 보인다.

손으로 모래성을 만지면 쉬이 무너지나 가만히 두면 오래 보전됨같이, 주식을 자주 사고파는 사람은 큰 수익을 얻지 못하고 스스로를 해치게 된다. 조급함으로 손을 놀리지 않은 투자자가 비로소 풍성한 결실을 누리게 될 것이다.

# 지혜와 투자의 재능

*10 또 그리스도께서 너희 안에 계시면 몸은 죄로 말미암아 죽은 것이나 영은 의로 말미암아 살아 있는 것이니라* <로마서 8:10>

예수의 영, 하나님의 영, 나의 영이 하나가 되어 내 안에 거하시면 몸은 죄로 말미암아 죽은 것이 되지만 영은 의로 말미암아 살아 있는 것이 믿음의 은총이다.

### 육체의 생각과 관찰하는 '나'

인간은 누구나 별의별 생각이 떠오른다. 누가 그 생각을 불어넣을까? 생각은 나의 동의가 없이 저절로 떠오른다.

누구나 끊임없이 떠오르는 수많은 생각 속에 살아간다. 그러나 그 생각은 나의 의도와 상관없이 육체의 본능을 따라 저절로 떠오를 때가 많다. 중요한 사실은, 육체가 만들어 내는 그 생각들을 지켜보는 주체가 바로 '진정한 나' 라는 점이다.

나는 단순히 육체가 던져주는 생각에 매몰되는 존재가 아니다. 그 의식의 흐름을 인식하고 분별하는 존재이다. 육체의 욕망을 따르는 '나' 는 참된 자아가 아니며, 하나님의 뜻을 따르는 '나' 만이 실제 나인 것이다. 육체의 생각을 객관적으로 지켜보는 이 의식은, 육신의 정욕에 갇힌 내가 아니라 하나님을 향해 깨어 있는 영적인 '나' 라고 할 수 있다.

### 브살렐에게 부어주신 지혜와 투자의 재능

하나님께서는 성막을 짓기 위해 브살렐을 부르시고 그를 하나님의 영으로 충만하게 하였다. 그 결과 그에게 지혜와 총명, 지식과 온갖 재능을 부어주었다. 성막을 짓는 거룩한 작업에 인간의 사사로운 욕심이 아닌 하나님의 영이 필요했듯, 우리의 삶도 그러해야 한다.

주식투자에서 떠오르는 생각들은 대개 즉흥적이고 감정적이다. "이럴 것 같다" 는 막연한 예감이나 충동적인 현상에 사로잡히기 쉽다. 이럴 때일수록 돈 욕심에 눈이 멀지 않도록 주의해야 한다.

투자의 기본은 감정적인 휘둘림이 아니라, 하나님이 브살렐에게 주었던 것과 같은 지혜와 총명, 그리고 객관적인 지식과 재능으로 판단하고 실행하는 것이다. 육체의 충동을 지켜보고 다스리는 영적으로 깨어 있을 때, 비로소 투자에서도 선한 열매를 맺을 수 있다.

# 고난의 파도를 대하는 자세

18 생각하건대 현재의 고난은 장차 우리에게 나타날 영광과 비교할 수 없도다 <로마서 8:18>

이성적으로 생각할 때 현대의 고난은 장차 우리에게 나타날 영광과 비교할 수 없는 것이다. 육체에 속한 삶을 살 것이냐? 영에 속한 삶을 살 것이냐? 장차 우리에게 나타날 영광과 비교할 수 없는 것이다

**고난의 파도를 대하는 투자자의 자세**

주식투자에서 겪는 '주가 하락'이라는 고난은 나에게 늘 실존적인 두려움이었다. 반면 수익이 날 때는 그

것이 장차 나타날 영광의 그림자이든 찰나의 기쁨이든, 그 순간만큼은 커다란 즐거움이었다.

때로 감당하기 힘든 고난이 닥칠 때면 술 한 잔의 기운을 빌려 일시적인 용기로 넘기려 한 적도 있었고, 극심한 두려움에 사로잡힐 때는 과거 더 힘들었던 시절을 떠올리며 현재의 고난을 억지로 버텨내기도 했다. 하지만 현재의 하락 파동이 지나면 반드시 상승 파동이 올 것이라는 믿음에도 불구하고, 오히려 하락 파동이 확대되고 고통이 지속되는 경우가 있다.

주식투자에서는 바로 이때, '시장이 옳고 내가 틀렸다' 는 사실을 겸허히 인정할 줄 알아야 한다. 다시 냉철하게 분석하여 나의 오류가 인정될 때는 과감하게 손절하는 것이야말로, 더 큰 고난을 막고 장차 올 영광을 준비하는 가장 지혜로운 선택이 된다.

## 영광의 때와 고난의 대비

주가 상승이라는 영광의 시기에는 내 분석의 환상에 취하기보다 차트의 파동 흐름에 냉철하게 집중해야 한다. 수익이 나는 파동에서 충분한 결실을 거두지 못하면, 반드시 찾아올 손실의 시기를 대비할 수가 없다. 즉, 한 번의 큰 수익으로 열 번의 손절을 감당해야 하는 것이 주식투자이기에 이익의 구간에서는 끝장 승부를 보아야 한다.

최고점에 매도 시점을 놓쳤다면, 최소한 30분 차트에서 60선이 120선을 하향 돌파하는 '데드크로스'가 발생할 때 전량 매도를 진지하게 고민해야 한다. 나는 종종 고점과 최종 매도 시점을 모두 놓쳐, 긴 하락 파동의 되돌림이 끝날 때까지 고통스러운 시간을 보낸 적이 참으로 많았었다. 하락을 피하려 매도하면 급등하고, 그 심리에 휘말려 매도한 자리가 최저점이 되기도 하며, 급등의 기쁨에 취해 있다가 급락의 철퇴를 맞기도 하는 것이 투자의 현실이다.

### 고난을 유익으로 바꾸는 감사의 힘

"고난이 없으면 영광도 없다"는 말처럼, 장차 올 영광을 바라볼 때 현재의 고난은 유익이 된다. '나만 왜 이런 고난을 당하나'라고 생각하면 원망과 두려움뿐이지만, 인생은 본래 고난의 연속임을 기본으로 받아들이면 고난은 오히려 감사로 바뀐다.

한때의 하락 파동을 견디고 나면 다시 상승 파동으로 전환될 때가 반드시 온다는 것을 믿어야 한다. 다만, 처음부터 근본적으로 잘못된 분석에 기반한 하락이라면, 미련 없이 손절하고 다시 시작하는 결단이 가장 현명하다. 영원한 영광을 소유한 자는 일시적인 손절에 미련을 두고 인생을 걸지 않는다.

# 지식의 우월함을 넘어선 선택

*19 피조물이 고대하는 바는 하나님의 아들들이 나타나는 것이니* <로마서 8:19>

## 지능 너머에 존재하는 영적 의식

지능이 뛰어나다고 해서 하나님을 알 수 있는 것은 아니다. 하나님을 아는 것은 지능이 아니라 영적인 '의식'의 영역이기 때문이다. 의식과 지능은 비슷해 보이지만 결코 일치하지 않는다. 하나님을 믿지 않는 사람은 육체의 요구를 절대적인 가치로 받아들이며, 그 육체를 곧 자기 자신이라고 믿고 살아간다.

그러나 하나님을 믿는다는 것은 논리 너머의 논리, 즉 지능을 초월한 영적 의식에 눈을 뜨는 것이다. 육체의 본능과 지능으로만 생각한다면 십자가는 도저히 이해할 수도, 받아들일 수도 없는 일이다.

십자가는 세상을 사는 전혀 새로운 차원의 의식이다. 십자가의 논리는 육체로 사는 세상의 유한함을 일깨우며, 영원하지 않은 것에 매인 인간은 결국 허망해질 수밖에 없음을 보여주는 것이다.

영의 세계가 곧 진짜 세계이며, 우리는 그것을 '하나님의 나라'라 부른다. 구원받은 사람은 바로 이 하나님의 나라를 사는 자들이기에, 모든 피조물이 구원받은 하나님의 아들들이 나타나기를 그토록 고대하는 것이다.

## 지식의 우월함을 넘어선 선택의 필연성

주식투자를 하다 보면 묘하게도 지식이 매우 뛰어난 사람이 큰 어려움을 겪는 경우를 자주 본다. 이는 과거에 공부를 잘했다는 우월 의식이 은연중에 몸에 배어 있기 때문이다.

주식투자를 할 때 '공부만 하면 무엇이든 잘할 수 있다' 는 자신감만큼 무모하고 위험한 도전은 없다. 투자는 단순히 지식을 쌓는 성취의 영역이 아니다. 지식의 우월함에 갇힌 자는 자칫 오만에 빠지기 쉬우나, 참된 투자자는 자신의 부족함을 깨닫고 시대와 시장이 허락하는 결실을 겸허히 기다릴 줄 알아야 한다.

표면적으로는 주가가 우연히 상승하는 것처럼 보일지

라도, 그 이면에서 어떤 가치를 선택하느냐에 따라 수익이라는 필연을 만들어 내는 그것이 바로 주식투자의 본질이다.

# 분별과 집중

*26 이와 같이 성령도 우리의 연약함을 도우시나니 우리는 마땅히 기도할 바를 알지 못하나 오직 성령이 말할 수 없는 탄식으로 우리를 위하여 친히 간구하시느니라 27 마음을 살피시는 이가 성령의 생각을 아시나니 이는 성령이 하나님의 뜻대로 성도를 위하여 간구하심이니라* <로마서 8:26-27>

## 내 힘을 빼고 맡기는 인내

주식투자를 하다 보면 주가가 조금만 하락해도 금방이라도 망할 것 같은 공포에 휩싸이곤 한다. 며칠 지나면 반등하겠지 싶지만, 한번 시작된 하락이 몇 개월씩 지속될 때 절망한다.

이러한 상황을 오직 인간적인 노력으로만 극복하려들면, 오히려 노력하면 할수록 주가는 나락으로 떨어지는 듯한 경험을 하게 되는 경우가 많다. 애를 쓸수록 고통은 확대되고 지쳐가며, 두려움이 극에 달하면 결국 최악의 지점에서 매도 버튼을 누르게 된다.

만약 기업분석에 치명적인 오류가 없는 상태에서 발생하는 하락이라면, 하나님이 우리를 대신해 기도하신다는 약속을 붙들고, 내 힘을 빼고 세월에 맡겨두는 것도 하나의 방법이다.

주가의 움직임을 점치듯 맞추려 할 때마다 나의 경우는 오히려 매매 손실만 커졌다. 적은 횟수의 손절이라도 그것이 복리로 쌓이면 원금이 눈덩이처럼 불어나는 손실로 이어지기에, 섣부른 매매 대신 인내를 택하는 편이다.

## 분별과 집중, 나만의 투자의 길

일반적으로 분산투자가 위험을 낮춘다고 말하지만, 나는 평생 한 종목에만 모든 것을 거는 '집중 투자'의 길을 걸어왔다.

큰 자금으로 집중 투자를 하면 적은 수익률로도 유의미한 결실을 볼 수 있는 반면, 분산투자를 하면 한 종목에서 큰 이익을 내더라도 다른 종목의 손실에 상쇄되어 버리는 경우가 많기 때문이다.

한 종목만 깊이 파고들어 분석해도 여전히 모르는 것이 아는 것보다 더 많은 법이다. 그런 상황에서 여러 종목으로 분산하여 안정적인 수익을 낸다는 것은 나에게는 납득하기 어려운 방식이다.

물론 대부분의 투자자는 나의 이런 방식을 이해하기 힘들 것이다. 결국 투자란 남의 발자취를 맹목적으로 따라가는 것이 아니라, 각자에게 맞는 최선의 방식을 찾아가는 과정이 아닐까 싶다.

# 차트의 원칙과 성장성의 확신

*30 또 미리 정하신 그들을 또한 부르시고 부르신 그들을 또한 의롭다 하시고 의롭다 하신 그들을 또한 영화롭게 하셨느니라* <로마서 8:30>

## 기본적 분석과 연단의 시간

기업의 내재 가치를 자세히 아는 이들의 관점에서 본다면, 주가의 상승과 하락은 어쩌면 이미 정해진 길일지도 모른다. 그러나 수많은 첨단 업종의 방대한 기술력을 한 개인이 모두 분석하기란 매우 어려운 일이다. 그래서 늘 무지함으로 한계를 느낀다. 아무리 철저히 분석할지라도 내가 매수하고 나면 주가는 세력이 물량을 빼앗겼기 때문에 떨어지는 경향이 있고, 큰 손실을 겪기도 한다.

그렇기에 재무제표 분석은 생존을 위한 필수 과정이다. 자본총계 대비 시가총액을 비교하여 저평가 여부를 확인하고, 부채비율과 이자 비용의 적절성을 타 기업과 비교해 보아야 한다. 부채를 감추기 위해 자산을 부풀렸는지, 혹은 세금을 줄이려 자산을 축소했는지 면밀하게 분석해서 투자에 따른 근본적인 위험인 재무제표 부실을 걸러내고 초저평가를 찾아내야 한다.

### 차트의 원칙과 성장성의 확신

차트 분석할 때는 정배열과 역배열 중 명확한 기준을 세워야 한다. 정배열 투자는 좀 더 높은 주가에 매도하더라도 차트가 완벽하게 돌아설 때 매수하여 단기 상승의 수익성을 기대하고, 역배열 투자는 최저점에서 매수할 수 있으나 추세가 전환될 때까지는 긴 시간이 소요된다. 재무제표가 건전하다면 첨단기술에 기반한 '성장성'에 가장 중요한 초점을 맞추어 분석하고 투자를 단행한다.

역배열 차트를 볼 때는 주봉을 기본으로 하되, 거래량이 많은 종목은 30분 차트를, 적은 종목은 60분 차트를 기준으로 분차트가 쌍바닥, 삼중바닥에서 돌아설 때 매수한다. 보조지표가 전저점보다 높은 지점에서 되돌아서는 것을 반복할 때 강력하게 매수를 실행한다. 이때 시장에 영향을 주지 않도록 호가를 최대한 높이지 않으면서 대량 매집을 끝내고, 그 이후 장기투자를 하는 과정에서 심층 분석을 이어간다.

## 고난을 지나 영화로운 결실로

오랜 세월 주식투자를 하며 경험한 진리는, 독보적인 첨단 기술력과 시장 독점력을 갖춘 기업이라면 시간의 문제일 뿐 수익의 길은 이미 정해져 있다는 사실이다. 안정적인 고수익을 창출해야 하는 전업투자자에게 단순한 자산가치주나 저평가주, 혹은 배당주는 시장 수익률조차 따라가기 벅찰 때가 많아서 나의 투자와는 맞지 않는다.

주식투자를 통해 수익이 커질 때 느끼는 기쁨은 내가 누리는 실존적인 축복이다. 풍요가 삶을 이끄는 자본주의의 정점에서, 고난의 과정을 견뎌내고 얻은 투자 수익은 참으로 영화로운 기쁨이 아닐 수 없다.

# 육신의 사랑과 기업에 대한 사랑

*35 누가 우리를 그리스도의 사랑에서 끊으리요 환난이나 곤고나 박해나 기근이나 적신이나 위험이나 칼이랴*
<로마서 8:35>

## 그리스도의 사랑 안에서 누리는 연합

"누가 우리를 그리스도의 사랑에서 끊으리요?" 진정한 사랑이란 흩어지고 분열되며 대립하던 것들이 하나로 녹아드는 것이다. 나와 예수의 사랑 안에서 한 몸이 되어서, 그사이에 어떤 틈도 없는 상태, 그것이 연합이다. 하나님의 사랑은 예수 그리스도 안에 있는 사랑이며, 성령을 통해 우리 마음속에 부어주는 사랑이다.

우리 안에 거하는 사랑과 예수 안에 있는 사랑은 본

질적으로 동일한 하나님의 사랑이다. 비록 인격은 다르나 그 동일한 사랑이 우리를 하나로 묶어준다. 이 연합은 우리의 어떠한 행위에 따라 결정되는 것이 아니라, 오직 예수 그리스도를 믿음으로 말미암아 하나님의 사랑 안에서 온전히 이루어지는 신비이다.

## 육신의 사랑과 기업에 대한 사랑

세상의 사랑, 즉 육신의 사랑은 주관적이고 감정적이다. 주식투자 격언 중에 "주식과 결혼하지 말라" 혹은 "기업을 사랑하지 말라"는 말이 있다. 이는 감정에 치우쳐 객관성을 잃는 것을 경계하는 말이다.

철저한 분석을 바탕으로 성장성이 확실한 기업에 투자할 때는, 그 기업을 사랑하는 마음으로 깊이 알아갈수록 수익을 극대화할 수 있다. 그러나 미래가치가 전혀 없는 기업에 감정적으로 매몰되어 사랑에 빠진다면 그것은 곧 낭패로 이어지는 것이다.

인간관계에서도 감정만 앞서고 객관성이 결여된 맹목적 사랑이 불행을 초래하듯, 주식투자에서도 객관적 근거가 확보되지 않은 '기업 사랑'은 그저 위험한 환상을 불러일으킬 뿐이다.

## 끊을 수 없는 확신과 투자의 지혜

그리스도의 사랑이 그 어떤 환난이나 곤고에서도 끊어지지 않는 이유는 그것이 진리의 토대 위에 세워진 그 사랑이 영생으로 이어지기 때문이다. 주식투자 또한 마찬가지이다. 감정적인 육신의 사랑이 아닌, 철저한 분석과 객관적인 성장성 토대 위에서 내가 초저평가된 기업의 가치를 사랑할만한 이유가 있어야 한다. 그럴 때 비로소 시장의 일시적인 하락이나 위험 앞에서도 흔들리지 않고 끝까지 인내하며 결실을 볼 수 있는 것이다.

# 연단鍊鍛과 흔들리지 않는 분석

38 내가 확신하노니 사망이나 생명이나 천사들이나 권
세자들이나 현재 일이나 장래 일이나 능력이나 39 높음이
나 깊음이나 다른 어떤 피조물이라도 우리를 우리 주 그
리스도 예수 안에 있는 하나님의 사랑에서 끊을 수 없으
리라 <로마서 8:38-39>

## 고난을 유익으로 바꾸는 진리의 깨달음

인생에서 고난을 만났을 때, 그 고난을 오히려 기회로 삼아본 적이 있는가? 같은 아픔을 반복하지 않으려면 고난의 상황 속에서 반드시 진리를 깨달아야 한다. 사람은 환경이 변하면 그 모습도 변하기 마련이다.

우리가 일부러 고난 속으로 걸어 들어갈 수는 없겠으나, 현실적인 고난에 처하게 되었을 때 그 고난이 주는 유익을 결코 놓쳐서는 안 된다. 고난을 통과하며 우리

의 믿음은 더욱 굳건해지고, 하나님을 향한 사랑은 비로소 순결해지기 때문이다.

### 복리의 연단과 흔들리지 않는 분석의 확신

주식투자는 수익을 낼 때조차 인내라는 고난을 쌓아 올려야 비로소 얻을 수 있는 결실이며, 손실을 볼 때는 한순간에 나락으로 떨어지는 험난한 길이다.

수익과 손실은 모두 복리로 작용하기에, 한 번 돈을 잃으면 그것을 복구하기 위해 다시 복리적인 인고의 세월과 위험을 감수해야만 한다. 특히 전업투자자인 나는 생활비 지출이 고정되어 있어, 수익이 날 때는 자산이 더디게 쌓이고 손실이 날 때는 생활비 부담까지 더해져 원금 손실의 타격이 매우 크다.

주식투자 실패는 복리로 손해가 가중된다는 점에서, 작은 실수 하나가 얼마나 치명적인 결과로 이어지는지 늘 깨어 경계해야 합한다.

그러므로 분석은 마땅히 철저하고 신중해야 하며, 자신의 분석이 스스로에게 흔들리지 않는 믿음이 될 때 비로소 거친 시장의 파도를 견뎌낼 수 있다. 이러한 연단의 과정을 거친 분석과 자기 확신이 나를 실패의 두려움에서 자유롭게 한다.

# 절대 주권에 대한 순종

*18 그런즉 하나님께서 하고자 하시는 자를 긍휼히 여기시고 하고자 하시는 자를 완악하게 하시느니라 19 혹 네가 내게 말하기를 그러면 하나님이 어찌하여 허물하시느냐 누가 그 뜻을 대적하느냐 하리니* <로마서 9:18-19>

## 원망의 걸림돌

"어찌하여 우리를 허물하시느냐"라는 반문은 사실 마음 깊은 곳에서 터져 나오는 원망의 표현이다. 내면에 화가 들끓어 매일 목숨을 걸듯 주가를 바라보는 나 자신을 발견할 때면 스스로도 깜짝 놀라곤 한다. "하나님, 주가는 왜 이 모양입니까? 왜 내 종목만 떨어집니까?" 라는 불평은 하나님과 나 사이를 가로막는 걸림돌이다.

이 원망이 사라지지 않는 한 하나님과 가까워질 수 없으며, 우리의 인생 또한 변화될 수 없다. 옥에 있는 작은 티 하나가 온전함을 훼손하듯, 미미한 원망이 믿음 전체의 가치를 무너뜨리는 죄가 된다.

구원받은 자로서 하나님의 형상을 닮았음에도 여전히 내 안에 남아있는 이 원망의 문제를 날마다 해결하며 살아가야 한다. 항상 구원의 기쁨과 즐거움으로 하나님께 감사할 때 비로소 원망의 굴레에서 벗어날 수 있다.

## 하나님의 절대 주권과 긍휼의 신비

하나님께서는 긍휼히 여길 자를 긍휼히 여기시고, 완악하게 하실 자를 완악하게 한다. 때로 하나님께 은혜를 구하며 도움을 청하지만, 결과가 기대와 정반대로 나타날 때 절망한다.

출애굽 당시 이스라엘 백성과 이집트의 바로는 둘 다 불순종한 자들이었다. 그러나 하나님은 이스라엘에게는 긍휼을 베풀고, 바로에게는 재앙을 내렸다. 인간의 눈에는 이것이 차별로 보일 수 있고, "내가 죄를 짓는 것조차 하나님의 주권 안에 있다면 왜 나를 탓하십니까?"라고 항변할 수도 있다. 그러나 이것은 피조물이 창조주께 던질 수 있는 질문이 아니다. 하나님의 절대 주권은 인간의 논리를 넘어서는 영역이기 때문이다.

## 절대 주권에 대한 순종

하나님은 인간에게 자유의지를 주어 하나님께 반문할 수조차 있게 허용하였다. 낭떠러지로 달려가는 인간을 붙잡아 주는 분은 하나님이시지만, 그 길을 분별하고 선택하는 것은 인간의 자유의지이다. 신앙의 목표는 불안전한 인간의 자유의지가 완전하신 하나님의 주권에 순종함으로써, 내 뜻과 하나님의 뜻이 완벽하게 일치와 통일을 이루는 데 있다.

## 투자의 결단, 지혜와 인내의 영역

주식투자를 할 때의 원망은 대개 "왜 내 종목만 오르지 않는가?"에서 시작된다. 그러나 주식투자는 기도로 요행을 바라는 영역이 아니라, 하나님이 주신 자유의지로 결단하고 인내해야 하는 영역이다.

나는 내 종목을 다른 종목과 일절 비교하지 않는다. "나중 된 자가 먼저 되고, 먼저 된 자가 나중 된다"는 말씀처럼, 소외주가 주도주가 될 때까지 묵묵히 기다릴 줄도 알아야 한다.

나는 예수를 믿는 투자자로서 사회에 덕이 되지 않는 기업은 투자하지 않는다. 특히 경영자의 인격이 정의로운가를 면밀히 분석한다. 그리스도인으로서 투자한다는 것은, 하나님이 부어주신 지혜로 기업을 분석하되 돈을 우상으로 섬기지 않고 오직 하나님을 높이며 가는 투자의 여정이다.

# 제3부

# 투자의 파고波高에서도 구원의 기쁨을

# 하나님의 의와 주식 투자의 원리

*30 그런즉 우리가 무슨 말을 하리요 의를 따르지 아니한 이방인들이 의를 얻었으니 곧 믿음에서 난 의요 31 의의 법을 따라간 이스라엘은 율법에 이르지 못하였으니 32 어찌 그러하냐 이는 그들이 믿음을 의지하지 않고 행위를 의지함이라 부딪칠 돌에 부딪쳤느니라 33 기록된 바 보라 내가 걸림돌과 거치는 바위를 시온에 두노니 그를 믿는 자는 부끄러움을 당하지 아니하리라 함과 같으니라* <로마서 9:30-33>

## 구원의 신비, 하나님의 자녀로 자라남

하나님의 거대한 계획 앞에 우리가 무슨 말을 할 수 있겠는가? 예수 그리스도의 십자가 사건을 통해 놀라운 하나님의 의를 계시하고 있다. 우리 안에는 하나님께서 심어주신 생명의 씨앗이 있다. 그 씨앗은 하나님의 말씀으로 양육되어 우리를 완전한 하나님의 자녀로 변화시켜 간다. 이것이 우리가 걸어가는 구원의 과정이다.

## 믿음으로 얻는 의, 행위로 이룰 수 없는 율법

의를 따르지 않았던 이방인들은 믿음으로 말미암아 의를 얻었으나, 의의 법을 좇아갔던 이스라엘은 오히려 율법에 이르지 못했다. 이는 모순처럼 보이지만 명확한 진리이다.

유대인들이 실패한 이유는 믿음이 아닌 자신의 행위를 의지했기 때문이며, 결국 그들은 '부딪칠 돌' 인 예수 그리스도에게 부딪히고 말았다. 하나님의 의는 오직 믿음으로만 얻을 수 있으며, 인간의 율법적 행위로는 도달할 수 없다. 믿음으로 말미암은 완전한 의를 입을 때 비로소 우리는 하나님의 자녀가 된다.

## 하나님의 의와 주식투자의 원리

주식투자의 목적은 수익을 내는 것이다. 이것을 하나님의 의에 비추어 투자할 때 단순히 돈을 버는 것을 넘어, 벌어들인 돈을 지속적으로 유지하고 다스릴 수 있는 능력이 생긴다.

주식투자 역시 기업에 대한 확고한 믿음 없이는 보유할 힘을 잃게 되며, 결국 장기투자를 통한 큰 결실을 맺을 수 없다.

내가 하나님의 자녀라는 사실은 하나님이 나를 지켜주신다는 약속을 전제한다. 내가 하나님을 온전히 신뢰

할 때, 나를 지키시는 보이지 않는 불꽃 같은 눈동자가 있음을 믿는다. 이런 믿음을 가진 자가 어찌 무모한 투기를 하며 돈에 자신의 영혼을 팔 수 있겠는가?

단순히 돈을 벌겠다는 일념으로 하나님의 의에서 벗어난 투자를 할 이유는 전혀 없다. 하나님의 의라는 거울에 비추어 정직하게 투자할 때 합당한 수익이 따르며, 그 수익을 하나님의 뜻에 따라 사용할 때 비로소 돈을 버는 참된 의미가 살아나는 것이다. 하나님을 믿는 자는 그래서 결코 부끄러움을 당하지 않는 것이다.

# 투자의 파고波高에서도 구원의 기쁨을

9 네가 만일 네 입으로 예수를 주로 시인하며 또 하나님께서 그를 죽은 자 가운데서 살리신 것을 네 마음에 믿으면 구원을 받으리라 10 사람이 마음으로 믿어 의에 이르고 입으로 시인하여 구원에 이르느니라 <로마서 10:9-10>

## 예수 그리스도께서 이루신 완전한 의

예수 그리스도께서는 이미 모든 것을 이루어 놓았다. 십자가에서 죽고 죽은 자 가운데서 부활하였으며, 승천하여 이 세상을 통치하고 있다. 이를 통해 주님은 완전한 의를 성취하였다. 그러나 우리가 기억해야 할 것은 예수가 이 땅에서 살았던 삶의 모습이다. 그분의 삶은 세상의 눈으로 볼 때 도저히 이해할 수 없고, 억울하며, 부당한 일들로 가득했다.

그러므로 우리의 인생 또한 때로는 이해할 수 없고 부당한 일들로 점철될 수 있다는 것을 알아야 한다. 아무도 나를 몰라주는 것 같고, 문제는 해결되지 않을 듯 하며, 두려움과 외로움, 수치심과 분노가 밀려올 때도 있다. 때로는 극심한 미움과 절망이 우리를 덮치기도 한다.

예수께서 그런 공생애를 살았고, 그 고통을 통과하며 모든 것을 이루었다. 주님은 우리에게 최종적인 완성을 해 주었으며, 우리는 이것을 '믿음의 의'라 부른다. 이것이 곧 하나님의 자녀가 되는 권세이다. 구원은 이 '믿음의 의' 안에 숨겨져 있으며, 그 안에는 모든 지혜와 능력이 담겨 있다. 그것이 하나님의 말씀으로 완성되는 하나님 나라이다.

## 투자의 파고 속에서 누리는 구원의 기쁨

주식투자로 살아가는 투자자에게 주가가 오르면 마치 구원받는 기쁨이 있고, 하락하면 죽을 것 같은 두려움이 엄습하는 것이 솔직한 현실이다. 하지만 한 가지 분명한 사실은, 주가와 상관없이 다음 날이면 어김없이 눈을 떴고, 죽을 것 같았을 뿐 실제로 죽지는 않았다는 것이다.

예수가 구원을 이루시는 과정이 얼마나 험난했는지 기억해야 한다. 하물며 주식투자로 수익을 얻는 일조차

그와 같은 인내의 여정을 통과해야 하는 길이다. 예수가 하나님의 계획에 순종하여 구원을 이루었듯, 주식투자 역시 철저한 계획과 실행, 그리고 어려움을 돌파하는 과정이 필요하다. 결코 즉흥적인 발상으로 접근해서는 안 된다. 즉흥적으로 얻은 우연한 수익만큼 위험한 것은 없다. 같은 방식으로 다시 투자할 경우, 결국 더 큰 손실로 이어질 수 있기 때문이다.

## 파동을 견디는 인내와 정의로운 길

바다의 파도가 쉬지 않듯, 주식은 파동의 영역이다. 상승과 하락이 반복되는 파동 속에서 하락을 인내하지 못한다면 결코 수익을 얻을 수 없다. 상승 파동만을 노리는 단기투자가 큰돈을 벌어다 줄 것 같지만, 단기투자는 큰 자금을 투입하기 어렵고 매번 성공할 수도 없다. 나의 오랜 경험에 비추어 볼 때, 단기투자는 결코 장기투자의 수익을 앞설 수 없다.

그러므로 종목을 선정하고 투자를 단행하는 시점부터 이미 고난을 각오하고 인내할 준비가 되어 있어야 한다. 그래야만 비로소 결실의 기쁨을 누릴 수 있다.

언제나 주님의 뜻 안에서 '돈도 버는 것'이라 생각하며 실행하고자 노력해 왔다. 앞으로도 신앙 안에서 옳은 길이 아니면 가지 않겠다는 그 믿음의 중심을 지키며 살아가고자 한다.

# 보내심과 전파, 그리고 분석의 교정

*14 그런즉 그들이 믿지 아니하는 이를 어찌 부르리요*
*듣지도 못한 이를 어찌 믿으리요 전파하는 자가 없이 어*
*찌 들으리요 15 보내심을 받지 아니하였으면 어찌 전파하*
*리요 기록된 바 아름답도다 좋은 소식을 전하는 자들의*
*발이여 함과 같으니라* <로마서 10:14-15>

## 들음에서 나는 믿음과 구원의 부르심

"누구든지 주의 이름을 부르는 자는 구원을 받으리라." 주의 이름을 불러 세례를 받고 죄 씻음을 받으라고 권면한다. 이 부르심은 막연한 외침이 아니다. 믿음 없이 예수를 부르는 것이 아니라, 복음을 듣고 생긴 믿음으로 그 이름을 부를 때 비로소 구원에 이르는 것이다.

주식투자 역시 마찬가지이다. 종목의 성장성을 철저히 분석하고 초저평가 상태에 있다는 명확한 믿음이 설 때 비로소 매수를 단행할 수 있다. 또한, 매도할 때는 나의 주관적인 환상을 내려놓고 시장의 흐름에 순응하며 기계적으로 대응해야 한다. 나의 기대와 시장 가치 사이에는 늘 괴리가 존재하기에, 시장이 인정하는 가격에 순응하는 것이 지혜로움이다.

## 보내심과 전파, 그리고 분석의 교정

"듣지도 못한 이를 어찌 믿으리요." 듣고 믿기 위해서는 전파하는 자가 있어야 하며, 전파하는 자는 반드시 보내심을 받아야 한다. 예수 그리스도께서는 하나님 아버지로부터 이 땅에 보내심을 받아 복음을 선포하였고, 우리는 그 말씀을 들음으로써 믿음에 도달하게 되었다.

우리는 예수가 다시 오실 때까지 그 복음을 전할 사명을 받은 '보냄 받은 자'들이다. 듣고 이해하며 인격적인 변화를 거쳐 새로운 믿음의 가치에 도달하기까지, 우리는 성령 안에서 수많은 오해를 교정해 나가야 한다.

기업을 분석할 때도 깊숙한 비밀을 파헤치는 과정에서 수많은 오류를 마주하게 되고 아무리 분석을 잘해도 내가 아는 기업 내용의 극히 일부에 지나지 않는다. 그렇기에 투자하는 과정은 끊임없는 분석을 수정해 가는 과정이다. 주가에 대한 내 기대치와 다르게 오류가 발견되면 과감히 매도하고, 분석이 진행될수록 확신이 깊어질 때는 장기투자를 통해 수익을 극대화해야 한다.

## 복음의 선포와 인내의 여정

예수께서는 하나님 나라의 복음을 전하기 위해 보내심을 받았다고 말씀하였다. 하나님의 나라가 이 땅에 임한다는 복음을 전파하고, 이를 들어 믿음으로써 주의 이름을 부르는 자들이 구원을 얻는다

주식투자에서 돈이 우상이 되면, 거의 매일 심리는 주가 변동에 따라 천국과 지옥을 오가는 극단에 치닫게 된다. 주식시장은 대개 하락 기간은 길고, 상승 기간은 짧고 가파르게 나타난다. 그러다 보니 투자자가 느끼는 심리적 고통의 시간은 길고, 기쁨의 순간은 찰나에 불과한 것은 주가가 올라도 또 떨어질까를 걱정해야 하기 때문이다. 급등 구간은 순식간에 지나가며, 매도 시점을 놓치면 다시 긴 하락의 터널을 견디며 다음 파동을 기다려야 한다.

결국 나의 주식투자는 '지옥과 같은 인내의 과정'에서 살아남아 끝내 수익이라는 결실에 이르는 여정이었다. 복음을 전하는 자의 발이 아름답듯, 인내로 연단된 투자자의 발걸음 또한 결실의 때에 아름답게 빛날 것이다.

# 감각의 중독을 넘어선 온전한 믿음

17 그러므로 믿음은 들음에서 나며 들음은 그리스도의 말씀으로 말미암았느니라 <로마서 10:16-18>

## 들음에서 나는 믿음

"그러므로 믿음은 들음에서 나며 들음은 그리스도의 말씀으로 말미암았느니라." 우리는 공기를 무한히 마시며 살아가지만, 그 소중함을 평소에는 잘 느끼지 못한다. 온전한 정신으로 내 의지에 따라 움직이는 일상이 얼마나 감사한 일인지도 잊고 살 때가 많다.

예수를 믿고 살아간다는 것이 꽃과 같이 의미가 있든 없든 아름다운 것이고 거듭난 생명이 있으니 아름다움에 기쁨이 더하여 사랑으로 승화되는 삶이다.

## 감각의 중독을 넘어선 온전한 믿음

과거에 나는 예배나 기도 중에 늘 신비롭고 은사적인 성령의 체험만을 갈구하곤 했다. 성령 충만한 예배란 모름지기 뜨거운 감정이 북받치고, 예언이 선포되며, 병이 치유되는 초자연적인 사건이 일어나야만 하나님의 임재가 증명되는 것이라 믿었기 때문이다. 그러다 보니 많은 찬양 사역이 예배라는 본질보다, 반복적인 선율과 감정적 고조를 통해 사람들을 일시적인 흥분 상태로 몰아넣는 감정으로 느껴야 하는 공연으로 변질되어 가고 있다.

예전에 예언과 치유의 은사가 탁월하다고 알려진 한 중보기도 사역자에게 큰 은혜를 받은 적이 있었다. 그분의 강의를 녹음하여 글로 옮겨 적어 놓고 긴 세월이 흐른 뒤 다시 들여다본 그 가르침은 말씀을 자의적으로 끼워 맞춘 거짓으로 가득 차 있었다. 예언과 치유 사역 또한 그릇된 감각적 신비주의 범주를 크게 벗어나지 않았음을 비로소 깨달았다. 예배라는 이름 아래 감각적인 느낌에 중독되는 것은 영적인 마약과 다를 바 없다.

## 일상에서 드리는 최고의 예배

온전한 이성으로 살아가는 평범한 일상은 무한한 공기와 같아서, 없으면 곧 죽음에 이르는 것과 같다. 내 자유의지로 하나님을 경배하고, 그 아들 예수 그리스도를 찬양하며 살아가는 지극히 평범한 믿음의 일상이 최고의 성령 충만한 예배임을 깨달아야 한다.

"믿음은 들음에서 나며 들음은 그리스도의 말씀으로 말미암았느니라." 신비한 체험이나 감정의 파도에 휩쓸리는 것이 아니라, 그리스도의 말씀을 듣고 그 말씀 안에서 하나님의 나라와 의를 세워가는 과정이 바로 진정한 예배이다. 우리의 영성이 명료한 이성과 자유의지가 하나님의 말씀에 반응할 때, 비로소 살아있는 믿음의 예배가 시작된다.

## 기법의 단순함과 분석의 심오함

*33 깊도다 하나님의 지혜와 지식의 풍성함이여, 그의 판단은 헤아리지 못할 것이며 그의 길은 찾지 못할 것이로다 34 누가 주의 마음을 알았느냐 누가 그의 모사가 되었느냐* <로마서 11:33-34>

아! 하나님의 구원은 심오한 풍요와 지혜와 지식의 깊음이여, 그의 결정은 절대로 다다를 수 없는 것이며 그의 길은 찾을 수도 없는 것이로다. 왜냐하면 그 누구도 하나님의 영성을 알았던 자가 없고, 하나님의 뜻과 합한 자도 없다

**헤아릴 수 없는 하나님의 지혜**

"깊도다 하나님의 지혜와 지식의 풍성함이여" 하나

님의 구원은 심오한 풍요와 지혜, 그리고 지식의 깊음 그 자체이다. 그분의 결정은 인간이 도저히 다다를 수 없는 영역이며, 그분의 길은 감히 찾을 수도 없다. 그 누구도 여호와의 영을 지도하거나 그분의 모사가 되어 가르칠 수 없다. 오직 예수 그리스도만이 믿음으로 하나님의 마음을 온전히 알았고, 그분의 뜻과 하나가 되었다.

### 기법의 단순함과 분석의 심오함

주식을 매매하는 찰나의 순간일지라도 매매 원칙에 충실해야 한다. 장기투자로 어떤 종목을 보유하든 긴 세월 동안 온갖 호재와 악재와 함께하게 된다.

단순한 재료에 반응해서 매매할 것 같으면 애초에 매수하지 말았어야 한다.

그 풍파들을 돌파하여 큰 수익에 이르기까지 인내의 과정을 지나다 보면 기업을 분석한 안목의 지혜와 풍성한 지식이 요구된다. 투자 기업에 대해 분석하지 않고 돈을 벌기를 바라는 것은 욕심에 불과할 뿐이다.

### 고난의 인내와 승리

나는 종목이 선정되면 오직 한 종목에만 집중하여 투자한다. 매수와 매도 즉 매매할 때는 호가 창을 건드리지 않으며 최대한 속전속결로 끝내고 그 이후의 시간은 분석을 지속하며 끝없이 인내하는 과정에서 분석한다. 주식투자는 사실상 고난의 연속이다. 아무리 뛰어난 분석 능력을 갖추었을지라도, 인내라는 연단의 과정을 통과하지 못한다면 그 재능은 아무런 소용이 없는 것이다.

하나님을 믿음으로 신뢰하듯, 나의 분석을 믿고 기다릴 때 비로소 수익을 얻게 된다. 어쩌면 내가 나를 못 믿어서 투자에 실패하는 경우가 매우 많다.

## 시제時制의 신비와 투자의 연단

*35 누가 주께 먼저 드려서 갚으심을 받겠느냐 36 이는 만물이 주에게서 나오고 주로 말미암고 주에게로 돌아감이라 그에게 영광이 세세에 있을지어다 아멘* <로마서 11:35-36>

누가 하나님께 먼저 드리고 누가 돌려받겠느냐, 하나님이 먼저 주신 것을 누가 하나님께 갚을 수 있겠느냐, 주는 것이나, 갚는 것이나 다 하나님이 하신다. 유일하게 하나님께 일부 갚을 수 있는 것이 있다면, 감사다. 갚으려고 하면 할수록 은혜의 빚은 커진다.

이는 만물이 예수에게서 나오고 예수를 통하여 예수에게로 돌아감이라. 모든 것을 허용하시는데, 모든 것을 선으로 바꾸시는 하나님이시다. 예수가 모든 구원의 결국이시다.

## 만물의 주권과 감사라는 응답

"누가 주께 먼저 드려서 갚으심을 받겠느냐." 누가 감히 하나님께 먼저 드리고 그 대가를 돌려받을 수 있겠는가? 하나님이 먼저 거저 주신 것을 누가 다 갚을 수 있겠는가? 은혜를 베푸는 분도, 그 은혜를 누리게 하는 분도 오직 하나님이시다.

우리가 하나님께 드릴 수 있는 유일한 응답이 있다면 그것은 오직 '감사' 뿐이다. 하나님의 은혜는 갚으려 애쓰면 애쓸수록 우리가 진 은혜의 빚이 얼마나 큰지 깨닫게 한다. 만물이 예수 그리스도에게서 나오고, 그를 통하여 존재하며, 다시 그에게로 돌아간다.

하나님은 모든 상황을 허용하되, 결국 그 모든 것을 선으로 바꾸는 분이며 예수 그리스도는 우리 구원의 최종적인 마침표가 된다.

## 시제時制의 신비와 투자의 연단

주식투자를 하며 나의 내면을 깊이 들여다보면, 나의 자유의지로 드리는 기도가 그저 개인적인 욕망을 채우려는 소원에 불과할 때가 많다. 주가 하락 앞에서 "왜 나에게 이러십니까?"라고 쏟아내는 원망은 또 얼마나 많았는지 모릅니다.

"여호와는 나의 목자시니 내게 부족함이 없으리로다" 라는 시편의 말씀을 현재 시점에서 바라보면, 때로는 하나님이 정말 나의 목자이신지 의문이 들고 내 삶은 온통 부족함 투성인 것처럼 느껴진다. 그러나 지나온 삶을 과거 시점으로 되돌아보면 고백은 달라지는 것을 알 수 있다.

"하나님이 나의 목자가 아니셨다면 그 험한 세월을 어찌 견뎠을까?" 하는 아찔함과 함께, 하나님께서 늘 부족함 없이 채워주었음을 깨닫게 된다.

주식투자를 할 때 겪는 하락의 고난은, 만약 그 아픔이 없다면 내가 같은 실수를 반복하여 더 큰 파멸에 이르게 될 것임으로 연단을 통하여 미리 막아주는 하나님의 배려다.

비록 주가가 떨어질 때 하나님은 멀리 떠나있거나 방관하는 것처럼 보일지 모르나, 실상은 나에게 먼저 주시고 나의 삶을 온전히 책임지는 하나님이시다.

# 산 제물과 영적 예배

*1 그러므로 형제들아 내가 하나님의 모든 자비하심으로*
*너희를 권하노니 너희 몸을 하나님이 기뻐하시는 거룩한*
*산 제물로 드리라 이는 너희가 드릴 영적 예배니라 2 너*
*희는 이 세대를 본받지 말고 오직 마음을 새롭게 함으로*
*변화를 받아 하나님의 선하시고 기뻐하시고 온전하신 뜻*
*이 무엇인지 분별하도록 하라* <로마서 12:1-2>

너희 몸을 하나님께 기뻐하시는 거룩한 모든 것으로 가까이하라. 이는 너희가 드릴 합당한 기뻐하시는 예배니라

너희는 이 시대로 변화되지 말고, 오직 영성을 하나님의 나라로 새롭게 바꾸어 변화를 받아 하나님의 선하시고 기뻐하시고 온전하신 뜻이 무엇인지, 옳은지 그른지 입증하도록 하라

**거룩한 산 제물과 영적 예배**

"너희 몸을 하나님이 기뻐하시는 거룩한 산 제물로 드리라." 우리의 몸과 삶 전체를 하나님께서 기뻐하시는 거룩한 모습으로 가꾸며 주님께 가까이 나아가야 한다. 이것이 바로 우리가 드려야 할 기쁜 예배이다.

구원을 통해 우리가 얻는 가장 첫 번째 열매는 '자유'이다. 하나님의 깊은 사랑에 반응하여 억압이 아닌 자유로운 마음으로 예배를 드리는 것이다. 오직 예수 그리스도를 가까이하며 구원과 부활의 거룩한 기쁨에 마음을 쏟아 예배를 드린다.

## 마음을 새롭게 함으로 입증하는 분별력

"오직 마음을 새롭게 함으로 변화를 받아" 우리는 이 시대를 무분별하게 본받지 말고, 오직 우리의 영성을 하나님 나라의 가치로 새롭게 바꾸어 변화를 받아야 한다.

그리하여 하나님의 선하시고 기뻐하시고 온전하신 뜻이 무엇인지, 무엇이 옳고, 그른지를 삶으로 입증하며 살아가야 한다.

## 두려움을 이기는 기쁨의 승리

주식투자에서도 마음 관리가 무엇보다 중요하다. 예수 그리스도를 예배하며 구원의 기쁨을 누리듯, 투자의 과정에서도 기쁨을 유지하면 그 중심이 흔들리지 않는다.

인생의 길에는 명확히 구분되는 두 부류의 사람이 있다. 기뻐하고 즐거워하는 사람과 늘 두려움에 사로잡힌 사람이다. 어떤 일을 하든지 승리는 기뻐하고 즐거워하는 마음에서 비롯되며, 실패는 두려워하는 마음으로부터 시작된다.

예수를 믿는다는 것은 주님이 십자가에서 내 죄를 대신 감당함으로 내가 죄로부터 온전히 자유해졌다. 내가 큰 죄인임을 깨닫는 것이 은혜의 시작일 수는 있으나, 그것이 과도한 죄책감으로 번져 구원이 주는 자유를 억눌러서는 안 된다.

죄책감에 매몰되면 우리는 진정한 구원의 즐거움을 잃어버리게 된다. 자유를 누리는 기쁨이야말로 세상을 이기고 시장의 공포를 극복하는 가장 강력한 힘이다.

# 지식의 한계와 투자의 겸손

3 내게 주신 은혜로 말미암아 너희 각 사람에게 말하노
니 마땅히 생각할 그 이상의 생각을 품지 말고 오직 하나
님께서 각 사람에게 나누어 주신 믿음의 분량대로 지혜롭
게 생각하라 4 우리가 한 몸에 많은 지체를 가졌으나 모
든 지체가 같은 기능을 가진 것이 아니니 5 이와 같이 우
리 많은 사람이 그리스도 안에서 한 몸이 되어 서로 지체
가 되었느니라 <로마서 12:3-5>

**마땅히 생각할 그 이상의 생각을 품지 말라**

"마땅히 생각할 그 이상의 생각을 품지 말고" 우리는 스스로의 능력을 과신하여 마땅히 품어야 할 생각 그 이상의 것을 품어서는 안 된다. 오직 하나님께서 각 사람에게 나누어 주신 믿음의 분량에 맞게, 합당하고 지혜롭게 생각해야 한다.

**한 몸을 이루는 다양한 지체들**

"우리 많은 사람이 그리스도 안에서 한 몸이 되어 서로 지체가 되었느니라."

우리는 그리스도의 몸을 이루는 많은 지체를 가졌으나, 모든 지체가 같은 일을 하는 것은 아니다. 이와 같이 우리 많은 사람이 그리스도 안에서 한 몸을 이루고 있으며, 서로가 서로에게 없어서는 안 될 소중한 지체로서 연결되어 있다.

## 지식의 한계와 투자의 겸손

주식투자를 할 때 가장 어려운 점은 너무나 방대한 지식을 요구한다는 것이다. 그렇기에 주식투자는 자신이 '아는 만큼' 만 하고, '할 수 있는 만큼' 만 하는 것이 무엇보다 중요하다. 돈을 벌고 잃는 과정이 복리로 작용하기에 적은 돈이 큰돈이 되기도 하지만, 많은 돈 또한 순식간에 사라질 수 있는 냉혹한 시장이기 때문이다.

가장 좋은 방법은 자신의 본업과 연관된 업종을 분석하는 것이겠지만, 여의치가 않다면 반도체나 바이오와 같이 성장성이 뚜렷한 특정 업종을 정해 전문가 수준에 도달할 때까지 집중적으로 파고들어야 한다. 설령 완벽한 분석 수준에 도달하지 못하더라도, 끊임없이 정보를 취합하고 지식을 넓혀가면서 자신이 아는 범위 내에서 투자의 저변을 확장해 나가야 한다.

대부분은 미숙한 분석 상태에서 시장에 뛰어들고, 주가는 그 미숙함을 초월해서 실시간으로 급등락한다. 우리는 누구나 주식투자 앞에서 대단히 미숙한 존재임을 시인해야 한다. 심지어 대주주조차 자기 회사의 적정 주가를 제대로 모를 때가 많고, 대주주가 주식을 대량으로 매도한 이후에 오히려 주가가 급등하는 사례가 빈번하다.

이처럼 주식시장에 참여하는 대부분의 사람은 본질적으로 미숙한 상태일 수밖에 없음을 인정할 때, 비로소 '마땅히 생각할 그 이상의 생각' 인한 과욕을 버리고 안전한 투자를 해야 한다.

# 사랑은 율법의 완성, 빛의 갑옷

*10 사랑은 이웃에게 악을 행하지 아니하나니 그러므로*
*사랑은 율법의 완성이니라 11 또한 너희가 이 시기를 알*
*거니와 자다가 깰 때가 벌써 되었으니 이는 이제 우리의*
*구원이 처음 믿을 때보다 가까웠음이라 12 밤이 깊고 낮*
*이 가까웠으니 그러므로 우리가 어둠의 일을 벗고 빛의*
*갑옷을 입자* <로마서 13:10-12>

## 사랑은 율법의 완성, 빛의 갑옷

"사랑은 율법의 완성이니라." 우리는 흔히 사랑을 상대방을 만족시키는 행위라고 생각하지만, 진정한 사랑은 상대의 상처와 허물을 덮어주는 것이다. 또한 누군가에게 선을 행하기에 앞서, 먼저 악을 행하지 않는 것이 사랑의 시작이다. 진심으로 사랑한다면 결코 상대를 해치는 행위를 할 수 없기에, 사랑이야말로 모든 율법을 완성하는 거룩한 결과물이다.

하나님의 나라가 우리에게 더 가까이 다가왔음을 깨

닫고, 깊은 밤이 지나 동이 트고 낮이 가까웠으니, 이제 우리는 어둠의 일을 벗어던지고 예수 그리스도라는 빛의 갑옷을 입어야 한다.

**지팡이를 두드리며 나아가는 사랑의 투자**

주식투자를 하며 종종 '사랑'의 본질을 되새긴다. 과거 전문가로 활동하던 시절, 전세 자금을 잃고 통곡하며 상담하던 어느 임신부의 울음소리를 아직 잊지 못한다. 그날 이후 모든 활동을 무료화했다. 그러나 아무리 선한 마음으로 종목을 분석해 나누어도, 주가가 오르면 친구가 되고 내리면 원수가 되는 것이 시장의 냉혹한 현실이었다.

그럼에도 끝까지 하나님 말씀에 비추어 옳은 길을 가고자 한다. 다른 이들이 유익이 되도록 장기투자를 하여 수익을 내왔으며, 지금도 그 길을 걷고 있다.

나에게 주식투자는 매 순간 자신을 새롭게 깨우는 과정이다. 무조건 묻어두는 장기투자는 전업투자자인 나의 삶과는 맞지 않는다. 매일 새롭게 분석하고, 기업의 성장성이 여전한지 끊임없이 평가한다.

마치 앞을 못 보는 맹인이 지팡이로 바닥을 두드리며 한 걸음씩 나아가듯, 분석하고 탐방하고 기업과 소통하며, 치열하게 삶을 산다. 이것이 내가 주식시장에서 사랑을 실천하기 위해 쏟는 최선의 노력이다.

## 내가 하나님의 빛이 되어

겨울 산길을 걷다 보면 수많은 흰 눈꽃이 보석처럼 반짝인다. 마치 하나님이 수많은 빛의 기쁨으로 나를 바라보는 듯하다.

비 오는 날 여름 산길은 또 어떠했던가? 나뭇잎마다 머금은 수많은 물빛이 흐르며 눈부신 광택으로 내 가슴에 와닿는다.

자연 속에서 하나님을 느끼는 이 벅찬 기쁨으로 다시 빛의 갑옷을 입는다. 그리고 마침내, 부족한 나 또한 하나님의 빛이 되어 세상으로 나아간다.

내가 하나님의 빛이 된다.

# 시장의 변동을 이기는 감사의 힘

*5 어떤 사람은 이 날을 저 날보다 낫게 여기고 어떤 사람은 모든 날을 같게 여기나니 각각 자기 마음으로 확정할지니라 6 날을 중히 여기는 자도 주를 위하여 중히 여기고 먹는 자도 주를 위하여 먹으니 이는 하나님께 감사함이요 먹지 않는 자도 주를 위하여 먹지 아니하며 하나님께 감사하느니라* <로마서 14:5-6>

어떤 사람은 이날과 한날을 다르게 판단하고 어떤 사람은 모든 날을 다르지 않게 생각하나니 각각 자기 영성으로 판단함이다. 날을 중히 여기는 자도 '주의 영성으로' 중히 여기고 먹는 자도 '주의 영성으로' 먹으니 이는 '하나님께' 감사함이요 먹지 않는 자도 '주의 영성으로' 먹지 아니하며 '하나님께' 감사하는 것이리라.

### 확정하는 믿음, 감사하는 마음

"각각 자기 마음으로 확정할지니라." 겉으로 드러나는 형식이 아니라, 각자가 자기 안에 흐르는 믿음의 영성으로 확실하게 내 안에 예수의 마음을 확정하는 것이다.

"먹는 자도 주를 위하여 먹으니 이는 하나님께 감사함이요 먹지 않는 자도 주를 위하여 먹지 아니하며 하나님께 감사하느니라."

'주의 영성'으로, 모든 행위의 중심에 주를 향한 영성과 감사가 있다면, 그 모든 날은 하나님 앞에서 거룩하다.

### 시장의 변동을 이기는 감사의 힘

주식투자를 하는 매일의 날들에 나를 하나님 앞에 비추어 본다. 매일 주식시장에는 상승의 기쁨과 하락의 낙심이 교차하지만, 그러나 상승의 기쁨은 찰나에 불과하며, 수익이 났을지라도 다시 하락을 마주하면 불안과 두려움 몰려오곤 한다. 돈이 오가는 냉혹한 현실이기 때문이다.

어떻든 새롭게 밝아오면, 나의 심리와 무관하게 전혀 새로운 가능성으로 시작된다. 자본주의라는 거대한 흐름 속에서 '주식투자'라는 희한하고도 놀라운 시장에 내가 존재해 있다.

이 사실 자체에 '감사'할 수밖에 없다. 주식시장이 있어 긴 시간을 생존할 수 있기 때문이다.

## 감정을 못 박고 지혜로 걷는 시장

*7 우리 중에 누구든지 자기를 위하여 사는 자가 없고*
*자기를 위하여 죽는 자도 없도다 8 우리가 살아도 주를*
*위하여 살고 죽어도 주를 위하여 죽나니 그러므로 사나*
*죽으나 우리가 주의 것이로다 9 이를 위하여 그리스도께*
*서 죽었다가 다시 살아나셨으니 곧 죽은 자와 산 자의 주*
*가 되려 하심이라* <로마서 14:7-9>

하나님께 감사하는 가장 큰 이유는 왜냐하면 우리 중에 누구도 자기로 살지 않고, 또한 누구도 자기로 죽지 않는다.

우리가 살아도 주로 살고 죽어도 주로 죽나니 하나님으로 사는 것이다. 그러므로 사나 죽으나 우리가 주의 것이다; 왜냐하면 이를 위하여 그리스도께서 죽고 다시 살아났다는 복음의 의미는 곧 죽은 자와 산 자의 주가 되셨음을 선포하는 것이기 때문이다.

## 사나 죽으나 우리가 주의 것이로다

"사나 죽으나 우리가 주의 것이로다." 내가 하나님께 감사할 수 있는 가장 큰 이유는, 나 자신만을 위해 살지 않고, 나 자신만을 위해 죽지 않기 때문이다. 나는 살아도 주를 위해 살고 죽어도 주를 위해 죽는, 철저히 하나님의 소유 된 존재로 산다. 이를 위하여 그리스도가 죽고 다시 살아났으니, 곧 죽은 자와 산 자 모두의 주가 되었다.

내가 주를 위해 살기 위하여 날마다 나를 십자가에 못 박는다는 사실 하나만으로 나의 인생은 부활이요, 하나님의 나라요, 아름다움과 기쁨으로 승화된 사랑의 나라가 된다.

## 나를 부인하고 하나님으로 사는 일상

우리는 예수와 함께 십자가에 못 박혔고, 이제 부활의 생명으로 살아간다. 그러하기에 사람의 본성으로 살지 않고 하루하루를 하나님으로 산다.

내 자신을 주인 삼아 살 때는 감사할 것이 없으나, 사람의 정욕과 자책을 내려놓고 나를 부인할 때 비로소 하나님으로 살 수 있다. 나를 부인하고 하나님으로 살기에 감사하고, 그 감사가 다시 나를 하나님으로 살게 한다.

비록 겉으로는 나를 위해 살고 죽는 것처럼 보일지라도, 십자가에서 나를 못 박는 순간 나의 모든 삶은 주를 위한 삶이 된다.

## 감정을 못 박고 지혜로 걷는 시장

주가의 급등락 앞에서도 내 감정을 십자가에 못 박는다. 찰나의 흥분과 깊은 절망을 십자가에 못 박고, 주식투자라는 냉혹한 현실 속에서 감정이 아닌 이성으로 오직 지혜로 산다. 상황이 어떠하든 현상에 반응하는 나의 본성을 십자가에 못 박아 평정심을 유지하는 것이 주식투자의 핵심이다.

주가는 결국 시장에 의해 결정되는 것이며, 내가 시장을 좌우할 수는 없다. 주식시장은 내가 억지로 끌고 가는 것이 아니라, 시장의 거대한 흐름 속에 내가 머무는 곳이다. 철저히 분석하고 다음은 그저 시간의 물결에 나를 맡길 뿐이다.

내가 도달할 목적지조차 나의 뜻대로 정하는 것이 아니다. 결국 인생은 내가 사는 것이 아니라 하나님이 나를 사시는 것이며, 오직 하나님으로 인하여 살아갈 뿐인 존재다.

# 이유 없는 급등, 인생의 반전

*5 이제 인내와 위로의 하나님이 너희로 그리스도 예수*
*를 본받아 서로 뜻이 같게 하여 주사 6 한마음과 한 입으*
*로 하나님 곧 우리 주 예수 그리스도의 아버지께 영광을*
*돌리게 하려 하노라 7 그러므로 그리스도께서 우리를 받*
*아 하나님께 영광을 돌리심과 같이 너희도 서로 받으라*
<로마서 15:4-7>

## 인내와 위로의 하나님

"이제 인내와 위로의 하나님이" 이제 인내와 위로의 하나님께서 우리가 그리스도 예수를 따라 영적인 생각을 품게 하시고, 같은 소망을 허락하실 것이다. 그리하여 우리가 사랑 안에서 한마음과 한 입으로 우리 주 예수 그리스도의 아버지 하나님을 영화롭게 하기를 원한다. 그리스도께서 하나님의 영광을 위하여 우리를 먼저 용납하시고 받으신 것처럼, 우리 또한 서로를 기꺼이 받아들여야 한다.

### 마른 종이 같은 영혼의 고백

주가의 끝없는 하락 앞에서 나의 존재 의미는 마치 바람에 날아갈 것만 같았다. 주식투자에서 절망이란 '곧 망할 것 같다' 는 파멸의 예감과 다르지 않다. 당시 나의 영혼은 손가락에 침을 묻혀 대기만 해도 구멍이 뚫릴 것 같은 마른 종이처럼 위태로웠다. 한 걸음을 떼기도 힘든 무거운 발걸음을 옮기며, 그 어디에서도 소망을 찾기 어려웠다.

단순히 주가가 하락했을 뿐인데, 그 하락이 너무나 오래 반복되자 나의 심리는 세상 모든 걱정거리를 끌어와 내 안에 차곡차곡 쌓아두기 시작했다. 그리고 그 절망과 두려움 위에 '망할 것 같다' 는 공포의 불을 붙였다. 만약 그때 그 마음을 이기지 못하고 주식을 투매(손절)했다면 지금 어찌 되었겠는가?

### 이유 없는 급등, 인생의 반전

참으로 놀라운 것은, 내가 도저히 견딜 수 없다고 느꼈던 그 절망의 날이 바로 주가의 최저점이었다는 사실이다. 다음 날 주가는 하락할 때 아무런 이유가 없었듯이, 다시 아무런 이유 없이 급등을 시작했다.

주식투자를 넘어 우리의 인생 또한 이와 같지 않겠는가? 가장 깊은 밤이 지나면 동이 트고, 인내의 끝에서 하나님은 비로소 그분의 위로를 현실로 나타내 보여준다.

# 본질을 꿰뚫는 단순함의 신비

25 나의 복음과 예수 그리스도를 전파함은 영세 전부터
감추어졌다가 26 이제는 나타내신 바 되었으며 영원하신
하나님의 명을 따라 선지자들의 글로 말미암아 모든 민족
이 믿어 순종하게 하시려고 알게 하신 바 그 신비의 계시
를 따라 된 것이니 이 복음으로 너희를 능히 견고하게 하
실 <로마서 16:26>

나의 복음과 예수 그리스도의 선포함은 영세 전부터 감추어졌다가 그러나 이제는 알려진 모든 민족을 위한, 믿음의 순종을 위하여 영원하신 하나님의 명령을 따른 예언자들의 기록으로 말미암아 그 신비의 계시가 나타나게 된 것이니 이 복음으로 너희를 능히 견고하게 하실 수 있다

**주식투자의 '신비의 계시'**

주식투자는 때때로 이 '신비의 계시'와 같다. 누가

감히 미래의 주가를 정확히 안다고 장담하겠는가? 아무도 모를 것 같은 막막함 속에서도, 투자원칙에 따라 들여다보면 뻔히 보이는 길이 있다.

무엇보다 '잃지 않는 주식투자'는 생각보다 단순하다. 고점에서 감정에 휩쓸려 매매하지 않고, 나만의 원칙인 역배열 차트에서 단 한 푼이라도 싼 가격에 매수하는 기법을 지키면 된다. 여기에 재무제표를 철저히 분석하여 위험 요소가 없는 종목을 골라낸다면, 수익은 시간문제일 뿐 오히려 손해를 보는 것이 더 어려운 일이 된다.

## 본전의 힘과 단순한 수익의 길

나는 언제나 '본전이 곧 대박'이라는 마음가짐으로 주식을 대한다. 본전만은 확실히 지킬 수 있다는 자신감이 있을 때, 비로소 한없이 인내할 수 있는 힘이 생기기 때문이다. 이러한 확신을 바탕으로 성장성이 뛰어나고 독점적 기술력을 갖춘 종목을 선택하여 투자하면 된다.

주식투자가 위험해지는 시점은 막연한 욕심으로 종목을 매수하고, 그 욕심이 환상을 만들어 낼 때이다. 그 누구도 시대를 완벽히 예측할 수는 없다.

하나님을 다 알기는 어렵지만 "예수 믿고 구원받는 길"이 명료하고 단순한 것처럼, 주식투자 역시 그 방대함에 함몰되지 않고 "수익을 내는 단순한 길" 을 찾아내야 한다.

본질을 꿰뚫는 이 단순함이야말로 주식투자의 '신비의 계시' 와 같은 정답이 있다.

# 제4부
# 주식쟁이 신앙칼럼

## 하나님의 공평

세상은 부자와 가난한 자를 만들고, 넘치는 풍요와 극심한 부족함이 공존하는 불공평의 몸부림으로 가득 차 있다. 눈에 보기엔 너무나 불공평한 세상에서, 하나님은 공평을 말씀하신다.

하나님의 공평은 바로 '죽음 앞에서의 평등'과 '영원한 생명을 약속하는 믿음 앞에서의 평등'이다.

우리는 늘 죽음을 인식하고 살아야 한다. "너는 지금 이렇게 살고 있지만, 결국 죽는다."라는 사실을 통해, 죽음 앞의 평등을 인식하며 살아야 한다. 죽음은 오직 나 홀로 마주해야 하는 순간을 의미한다.

동시에 "예수를 믿음으로 영원한 생명을 주신다" 라는 하나님의 믿음 앞에서 평등을 인식하며 살아야 한다. 이것이 하나님께서 우리에게 주시는 진정한 공평이자 평등이다.

죽음 앞에서의 공평은 내가 죽으면 자식도, 아내도, 이웃도 모두 끊어지는 고독한 진실을 깨닫게 한다. 반면 믿음 앞에서의 공평은 하나님을 얼마나 사랑하고 이웃을 사랑하며 기뻐하는가를 인식하며 사는 삶에서 이루어진다.

더 나아가 하나님을 믿고 얻는 영원한 삶은 이 땅에서 준비해야 한다. 죽은 후에 설령 하나님께서 우리를 천국에 두신다 해도, 이 땅에서 죄짓는 것에 재미를 붙이고 살았던 죄인에게는 천국이 천국으로 느껴지지 않고 오히려 지옥이 될 수도 있는 것이다.

하나님을 믿는다는 것은 이 땅에서 내 마음을 하나님 나라로 만들어야 함을 의미한다. 예수님을 찬양하는 삶을 살았던 사람이 천국에 가서도 예수님을 찬양하며 기쁨을 얻는 것처럼, 근본적으로 삶이 하나님 나라를 기뻐하도록 변화되어야 한다.

예수님을 믿고 영원한 삶을 얻는다는 것은 바로 "이 땅에서 내 마음에 하나님 나라를 만들어야 한다" 는 것이다.

# 합환채의 향기

*"합환채가 향기를 뿜어내고 우리의 문 앞에는 여러 가지 귀한 열매가 새것, 묵은 것으로 마련되었구나 내가 내 사랑하는 자 너를 위하여 쌓아 둔 것이로다"* <아가 7:13>

허리가 굽은 채 폐지 리어카를 끄는 할머니를 한참 바라본다. 어쩌면 내면의 깊숙한 곳의 거울을 들여다보는 행위일 것이다. 전업투자의 극한 고난을 경험한 영혼에게, 그 할머니의 모습은 가장 처절한 현실인 동시에, '결국 나는 이토록 용기 있게 삶을 지탱해낼 수 있을까?' 라는 질문을 던지는 강력한 상징이다.

주식이 조금만 떨어져도 '망할 것 같은 두려움'에 사로잡히는 것은, 어쩌면 그 폐지 리어카를 끄는 할머니의 모습이 미래가 되어, '생계를 유지할 용기' 라는 궁극적인 시험대에 나를 세우는 것일지도 모른다. 내가 할머니를 바라보는 것이 단순한 연민이 아니라, 미래의 나 자신에게 보내는 절박한 용기의 다짐이자, 피할 수 없는 현실에 대한 두려움의 반영이다.

## 하나의 사랑

너와 나는
마음의 벽이 없다
피부로도 나뉘지 않고
눈동자로도 나뉘지 않은
흐르는 물처럼
돌틈을 지나서도
다시 하나로 흐르는
세월의 소리로
너는 사랑이다

(2025. 10. 19)

## 일과 나눔의 경제

*하나님이 지으신 그 모든 것을 보시니 보시기에 심히 좋았더라* <창세기 1:31>

'보시기에 심히 좋았더라'는 이 기쁨이야말로, 인간이 근심과 불안을 이겨내고 삶의 정서적 안정을 얻을 수 있는 궁극적인 기반이다. 창조의 기쁨에서 벗어나 오직 세상의 두려움에 매몰될 때 인간의 삶은 고통으로 전락하지만, 하나님의 창조 목적 안에서 살아갈 때 비로소 진정한 행복에 이를 수 있다.

돈과 시장은 생존을 위한 인간 활동의 결과이지만, 그 본질이 탐욕으로 기울면 생존 경쟁이 되어서 삶이 피폐해진다. 이는 "돈을 사랑함이 일만 악의 뿌리가 되나니 이것을 탐내는 자들은 미혹을 받아 믿음에서 떠나 많은 근심으로써 자기를 찔렀도다. <디모데전서

6:10>" 라는 경고처럼, 인간이 창조주의 기쁨 대신 인간 창조물의 덧없음에 집착할 때 따르는 고통이다.

하나님을 믿는 신앙과 일상의 경제 활동은 삶의 별개의 영역이 아닌, 반드시 병행해야 할 현실이다. 하나님이 주신 지혜와 재능을 사용하여 "네가 흙으로 돌아갈 때까지 얼굴에 땀을 흘려야 먹을 것을 먹으리니 <창세기 3:19>" 경제 활동을 하되, 이 모든 것의 근본 목적은 하나님을 섬기는 데 두어야 한다는 것이다. 돈만 좇아가는 이기적인 욕심에 빠질 때, 그 신앙은 기복 신앙의 유혹에 빠지게 된다.

우리가 하나님의 형상대로 지음을 받았기에, 주어진 지혜와 능력으로 경제적 이익을 추구하는 것은 자연스러운 일이다. 그러나 신실한 믿음의 증거는 예수 그리스도께서 사셨던 나눔의 삶을 실천하는 것이다. "네 이웃을 네 자신과 같이 사랑하라 <마태복음 22장 39절>" 는 말씀처럼, 우리가 가진 것을 통해 공동체의 유익을 구하고 약한 자를 돌보는 것이야말로 하나님이 원하시는 참된 경제 활동의 모습이다.

# 하나님은 예언하시고 성취하시고

*여호사밧이 두려워하여 여호와께로 낯을 향하여 간구하고 온 유다 백성에게 금식하라 공포하매 유다 사람이 여호와께 도우심을 구하려 하여 유다 모든 성읍에서 모여와서 여호와께 간구하더라* <역대하 20:3-4>

여호사밧 왕이 모압과 암몬과 마온 자손의 연합군이라는 큰 위기에 직면했을 때, 그가 가장 먼저 취한 행동은 두려움 속에서도 자기의 힘이나 군사력을 의지하지 않고 하나님께로 낯을 향하여 간구한 것이다.

"야하시엘이 이르되 온 유다와 예루살렘 주민과 여호사밧 왕이여 들을지어다 여호와께서 이같이 너희에게 말씀하시기를 너희는 이 큰 무리로 말미암아 두려워하거나 놀라지 말라 이 전쟁은 너희에게 속한 것이 아니요 하나님께 속한 것이니라" 〈역대하 20:15〉

이 간절한 기도에 대해 하나님께서는 선지자 야하시엘을 통해 분명한 응답, 즉 예언적 말씀을 주셨다. 이 말씀은 여호사밧의 승리가 인간적인 전략이나 힘에 의한 것이 아니라 하나님의 역사로 말미암을 것임을 분명히 알려주셨다.

"백성과 더불어 의논하고 노래하는 자들을 택하여 거룩한 예복을 입히고 군대 앞에서 행진하며 여호와를 찬송하여 이르기를 여호와께 감사하세 그의 인자하심이 영원하도다 하게 하였더니" 〈역대하 20:21〉

여호사밧은 이 하나님의 응답을 듣고 즉시 백성들과 함께 경배하고 찬양한 후, 다음 날 아침 그 말씀에 그대로 순종하였다. 그는 군대보다 앞서 찬양하는 자들을 택하여 거룩한 예복을 입히고 나가게 하였다.

"그 노래와 찬송이 시작될 때에 여호와께서 복병을 두어 유다를 치러 온 암몬 자손과 모압과 세일 산 주민들을 치게 하시므로 그들이 패하였으니" 〈역대하 20:22〉

이러한 순종의 찬양이 시작될 때, 하나님께서는 적군 가운데 복병을 두어 그들끼리 서로 쳐서 멸망하게 하셨다. 이는 칼과 창 대신 믿음의 순종이 가져온 승리였음을 보여준다.

여호사밧의 승리 비결은 단순히 전쟁터 앞에서 '무턱대고' 찬양하는 행동 자체가 아니라, 위기 앞에서 하나님께 간절히 기도하고, 선지자를 통해 주신 하나님의

응답에 믿음으로 전적으로 순종했기 때문이다

따라서 오늘날 우리가 믿음의 위기를 만났을 때, 먼저 하나님께 간구하여 그분의 뜻을 구하고, 분명한 응답을 받은 후, 그 말씀에 온전히 순종하는 순서가 필요하다.

"너희는 너희 하나님 여호와를 신뢰하라 그리하면 견고히 서리라 그의 선지자들을 신뢰하라 그리하면 형통하리라 하고" <역대하 20:20>

하나님의 응답에 대한 믿음의 순종이 승리의 길임을 증언하고 있다. 우리의 신앙은 하나님의 응답을 구하는 기도와 그 응답에 대한 삶으로 드리는 순종의 열매여야 한다.

# 경제적 이익과 신앙적 실책

*왕이 아하시야와 교제하므로 여호와께서 왕이 지은 것을 파하시리라* <역대하 20:37)>

남유다 왕 여호사밧은 하나님 앞에서 정직히 행하며 나라를 부강하게 만들고 군사력을 크게 증강시켰다. 모압, 암몬, 세일산 연합군의 침공 때에도 오직 하나님만 의지하여 싸우지 않고도 찬양으로 대승을 거두는 놀라운 축복을 경험하였다.

하지만, 여호사밧에게 치명적인 실책이 있었다. 그것은 바로 악한 북이스라엘 왕 아합과 혼인 동맹을 맺고, 아합이 죽은 후에는 그의 아들 아하시야와 함께 경제적 협력을 도모한 일이다. 아하시야는 심히 악한 자였다. 여호사밧은 이 관계를 통해 더 큰 부강과 외교적 안정을 얻으려 했을 것이다.

마치 우리가 늘 더 잘 사는 것을 목표로 삼고, 이익을 얻기 위해서라면 성경 말씀에 맞는지 크게 개의치 않고 살아가는 것처럼 말이다. 세상의 논리대로라면 북이스라엘과의 협력은 누가 봐도 부강해질 수 있는 합리적인 경제적 선택이었을 것이다.

그러나 하나님께서는 선지자 엘리에셀을 보내어 여호사밧을 책망하였다. "왕이 아하시야와 교제하므로 여호와께서 왕이 지은 것을 파하시리라 〈역대하 20:37)〉" 결국, 그들이 합작하여 다시스로 보내려 했던 배들이 부서져서 무역을 하기도 전에 실패로 돌아갔다.

이 사건은 우리에게 중요한 질문을 던진다. 우리가 취하는 경제적 이익을 위한 노력이 과연 하나님 보시기에 선한 것인가? 영적인 유익과 경제적인 이익이 충돌할 때, 우리는 무엇을 우선해야 하는가? 여호사밧의 이야기처럼, 눈앞의 이익과 합리성을 좇아 악한 자와 동맹을 맺고 하나님이 기뻐하시지 않는 길을 걸을 때, 결국 징계를 받게 되는 것을 기억해야 한다.

우리는 이 여호사밧의 경제적인 관점을 통해, 신앙인의 삶과 경제 활동이 하나님의 뜻 안에서 통합되어야 함을 깨닫고, 눈에 보이는 이익보다 하나님의 선하심을 추구하는 진정한 '일과 나눔의 경제' 를 생각해 볼 때이다.

## '고난' 은 부활의 시간들

나의 존재가 고난 앞에서 가장 낮은 곳에 닿아 온몸에서 생명력이 빠져나가 마치 바람이 빠진 "풍등 인간" 이 되어 산언덕을 걸을 때가 있었다. 온몸은 손가락에 침을 묻혀서 대면 구멍이 뚫릴 듯 마른 종이 같았고, 모든 것이 바람에 날아갈 것만 같았다.

마치 햇살 아래 푸른 숲이 광합성으로 생명을 얻듯, 나의 존재는 하나님이 비추는 생명의 빛이 있다. 비록 생명이 다 빠져나간 종이처럼 보잘것없는 절망 속에 있을지라도, 그 안에 성령의 불을 밝히면 풍등이 되어 하늘로 솟아오르는 것이다. 믿음의 비상(飛上)을 기대하며 고갯길을 오른다.

산언덕을 지나 햇빛 비치는 넓은 광장을 바라볼 때 나의 눈에 에덴동산이 어른거린 듯하였다. 푸른 숲이 햇살 속에서 광합성을 하는 것이, 나의 삶 속에서는 주님이 나를 비추어 따스한 사랑과 생명의 광합성을 하고 있었다.

식물이 흙으로부터 물과 영양소를, 햇빛으로부터 광합성을 공급받아 살아가듯이, 사람은 세상에서 생존을, 하나님으로부터 생명을 공급받아 살아간다. '흙에 뿌리박듯이' 돈을 벌고 먹고사는 것이 생존이라면, '풀이 햇살을 받듯이' 하나님의 말씀을 받아 '광합성'하는 생명으로 살아간다. 하지만 생명이 있어야 생존을 하는 것처럼 하나님께 예배하고 기뻐하고 감사함으로, 하나님께 공급받는 생명을 기억해야 한다. 넓은 광장에서 햇빛의 잔치를 보며, 에덴동산의 꿈을 내 눈앞에 그려본다.

### 풍둥 인간

자고 깨니 나는 종이였다
내 마음은 원래
그대로 채워져 있었기에
그대가 그려져 있다

훅- 바람에 날아갈까
창호지에 침을 묻히면
종이로 만들어진 나는
구멍이 아주 쉽게 뚫리겠지

종이로 된 눈알을 굴리면

날마다 왔던 산길도
바람에 떠는 창호지처럼

뿌옇게 흔들리는 풍경
얼굴 하나 그려진 종이
바람결에 날아오른다

종이 심장으로 숨을
후-하고 크게 내쉬면
금세 구멍이 뚫릴 것 같아
조심스러운 호흡

늘 마지막인 풍경
산길을 가서 보니
종이에 그려진 얼굴이
달맞이꽃으로 반긴다

종이로 만든 몸
물에 닿지 않으면
제법 꼿꼿이 서서
마지막을 넘어 또 보는
풍경의 기쁨

그대 그려진 종이등에
불을 밝혀 띄우는 마음
그대는 아는가

- 시집 『부러진 나무의 눈빛들』 중

# 십자가의 영성과 창조의 기쁨

*내가 그리스도와 함께 십자가에 못 박혔나니 그런즉 이제는 내가 사는 것이 아니요 오직 내 안에 그리스도께서 사시는 것이라 이제 내가 육체 가운데 사는 것은 나를 사랑하사 나를 위하여 자기 자신을 버리신 하나님의 아들을 믿는 믿음 안에서 사는 것이라* <갈라디아서 2:20>"

그리스도와 함께 십자가에 못 박혔고, 내가 사는 것이 아닌 내 안에 예수 그리스도께서 사시는 것이라 고백하며 삶을 살아간다면, 하나님 나라의 생명으로 사는 것이다.

물질을 앞세워서 살게 되면 부요하든, 가난하든 만족이 없고 근심과 불안이 두려움으로 극대화되어 결국 분노 속에서 살게 된다는 것을 여실히 깨달았다,

나를 십자가에 못 박고 내 안에 그리스가 살게 되면, 어떤 상황에서도 내 안에서 하나님을 향한 기쁨이 샘솟는다는 것을 알 수 있었다.

내가 하나님을 향한 기쁨을 깨닫게 된 것은 새벽마다 산길에 올라 하나님의 창조의 기쁨을 누리는 데서 비롯되었다.

미명에 하나님의 창조의 기쁨을 보고 누리게 되면 하나님을 찬양할 수밖에 없고, 설령 어떤 고난이 와도 거뜬히 이길 힘을 주신다는 것을 알았다.

“나의 혹독하게 추웠던 겨울을 기억한다. 새벽 일찍 일어나 뒷산을 오르는 것이다. 눈 덮인 길에 첫 발자국을 찍으며 떠오르는 미명의 아름다운 태양을 바라본다.

눈꽃 송이송이 사이로 비치는 빛을 바라볼 때, 손가락이 얼얼해 와도 저절로 시인이 되었다. 있는 그대로의 모든 것이 시어가 되어 마음속에 박히면, 우울함도 분노도 눈 녹듯이 사라지고, 지난 일을 잊어버리고 늘 새롭게 시작할 힘을 얻었다. 태양은 떠오를 때마다 신부의 빛으로, 기쁨의 빛으로 떠오른다.”

## 소나무 숲

바람도 없이 쌀쌀한
이래도 저래도 푸른
소나무 곁에서
손을 잡아 주는

간밤 이슬

서 있는 것으로
간절한 고요
뱁새 노래로
그대를 채울 때
눈빛만 더 간절

(2025. 10. 12)

## 발문

# 신앙적 영성과
# 경제적 혜안의 두 날개

■ 발문

# 신앙적 영성과 경제적 혜안의 두 날개

## - 정상조 시인의 '신앙과 주식투자 에세이' 시리즈 출간에 즈음하여

**김윤환 목사**
시인/문학평론가
백석대 대학원 기독교문학 전공교수

주식투자는 미래 지향적 산업에 동참하여 수익금 나누는 아주 정상적인 경제활동이라고 할 수 있다. 그런데 아직 상당수 기독교인들이 주식투자와 신앙 사이에 믿음의 연결점을 찾지 못하고 있다. 가령 '크리스천이 주식투자를 해도 되는가?' '주식투자를 한다면 어떤 신앙적 기준이 필요한가?' 등의 물음을 가지고 신앙생활과 주식시장을 들여다보는 신자들에게 의미 있는 도서가 출판되어 주목하여 보게 된다.

중견 시인이자 주식 전문가인 정상조 작가가 주식투자가로서 경험했던 믿음의 방황과 은혜를 있는 진솔하게 고백한 에세이집 『주식쟁이 아가서』와 『주식쟁이 전도서』를 연이어 출간하여 기독교 출판계에 화제가 되어 필자도 전체 일독하였다. 주식정보와 성경 말씀을 동시에 듣고 생활하는 신앙인들에게 신앙과 주식투자의 경계를 분명히 제시하고 믿음 안에서 슬기로운 주식경제를 안내하는 아주 특별한 산문집이었다.

정상조 작가는 1999년 등단한 이래 시집을 제4시집까지 발간하고, 경제전문지에 시와 주식 칼럼을 연재해 왔다. 2025년도에 『주식쟁이 전도서』를 집필하면서 인도의 성자 선다싱의 '예수님과 대화'와 함께 전도서 묵상을 주식투자의 관점에서 적용하여 해석해 주었다.

특히 이번에 『주식쟁이 로마서』를 집필하면서 사도바울의 서신을 통해 크리스천 주식경제 활동가들에게 하나님의 뜻 안에서 좋은 길을 얻기를 말씀을 통해 잘 인도해 줄 것이다.

물욕을 억제하고 하나님을 영적 기둥으로 굳건히 세우고 건강한 경제 활동을 위한 지혜를 로마서에서 깨닫게 된 것을 저자 나름대로 말씀을 따라 기술하였다.

특히 저자는 주식투자를 할 때 하나님을 기뻐하는 자에게는 지혜와 지식을 더하여 풍성한 수익이 나게 하겠지만, 두려워하며 투자하는 자에게는 애써 모은 수익까지 하나님을 기뻐하는 자의 수익이 되게 하신다는 것을 자신의 경험을 전제로 이야기하고 있다.

정상조 작가는 경제학이나 주식을 학교에서 배우지 않고 오직 현장에서 체득하고 기도와 경험으로 깨달은 증권시장의 흐름을 소위 개미투자자들과 함께 진지하고 솔직하게 나누는 소위 자수성가형 주식 전문가로 평가받아 왔다. 평생을 신앙의 울타리에서 살아온 정상조 작가의 주식투자에 대한 간증은 주식투자를 하거나 관심있는 기독교인에게 소중한 길라잡이가 되어 줄 것으로 보인다.

필자가 수 년간 정상조 시인의 신앙과 문학, 그리고 남다른 주식경제에 대한 안목과 그 결과를 지켜보면서, 그의 시 세계와 경제를 보는 안목은 결국 신앙적 영안이 열어 준 특별한 은사로 보인다. 그는 자신에게 주어진 은사를 자신만의 유익에 활용하지 않고 이웃들과 나누고 기도하기를 주저하지 않는다. 독실한 신앙인이지만 경직되거나 배타적이지 않은 그의 성품이 삶 속에서도 흔히 목격된다. 자신의 수입을 선교와 어려운 이웃을 위해 기꺼이 내어놓음으로 하나님께 영광을 돌리며 산다,

그는 지금까지 4권의 시집과 4권의 증권 에세이를 출간한 작가로서 출판 수익의 전액을 어려운 아동을 돌보는 아동센터와 작은 교회를 후원하는데 내놓고 있고. 섬기는 교회에 충실한 교인이기도 하지만 주변의 어려운 이웃이나 선교단체, 과거에도 선교사들을 보면 함께

기도하고 후원에 참여하는 선한 이웃이기도 하다.

2025년도에 출간된 시집 『부러진 나무의 눈빛들』도 신앙적 영성으로 쓰여진 작품으로서 화제가 된 바 있고, 연이어 집필한 신앙과 주식이야기 산문집 『주식쟁이 아가서』, 『주식쟁이 전도사』에 이어 이번에 『주식쟁이 로마서』는 경제 활동에 있어서도 신앙이 중심이 되어야 할 당위성을 말씀과 함께 조목조목 일깨워 주고 있어 주식투자를 하는 크리스천에게 중요한 방향키가 될 것으로 기대된다. (끝)

**정상조** 시인 , 주식전문가

1999년 <예술광주>, <문예연구> 시부문 신인상 등단. 시집 「어치 가는 길」, 「아득한 손」, 「수묵화로 사는 나무처럼」, 「부러진 나무의 눈빛들」 등 출간. '을매' 주식전문가로 활동. 주식과 신앙 에세이 「주식쟁이 아가서」, 「주식쟁이 전도서」 출간. 증권저서 「4구간 기법」 발간. 경제방송 토마토TV, 팍스넷TV 고정 출연. 유튜브 [웅달책방] 고정 출연. [미래경제뉴스] 시 연재.

Youtube: https://www.youtube.com/@을매

Naver Band: https://www.band.us/band/98665971

.......................................................................................

정상조 시인의 신앙과 주식이야기(3)

주식쟁이 로마서

지은이 / 정상조

펴낸곳 / 열린출판사

1판 1쇄 펴낸 날 ¦ 2026년 2월 15일

등록번호 / 제2-1802호

등록일자 / 1994년 8월 3일

주소 / 경기도 시흥시 하중로 203(3층)

전화 / 031-318-3330

팩스 / 050-4417-3892

이메일 / pomreview@daum.net

출판공급 / 열린출판디자인 02-2275-3892



* 이 도서의 국립도서관 출판도서목록은 서지정보유통서비스시스템 홈페이지와 국가자료 공동목록시스템에서 이용하실 수 있습니다.

ISBN 978-89-87548-69-2 (03810)

값15,000원